westermann

Andrea Wilmes, Dieter Brand-Kruth, Rolf Peter Kleinen

Herausgeber: Wassilios E. Fthenakis

# Es war einmal – Märchen vorlesen, erzählen und erleben

1. Auflage

Bestellnummer 12760

Die in diesem Produkt gemachten Angaben zu Unternehmen (Namen, Internet- und E-Mail-Adressen, Handelsregistereintragungen, Bankverbindungen, Steuer-, Telefon- und Faxnummern und alle weiteren Angaben) sind i. d. R. fiktiv, d. h., sie stehen in keinem Zusammenhang mit einem real existierenden Unternehmen in der dargestellten oder einer ähnlichen Form. Dies gilt auch für alle Kunden, Lieferanten und sonstigen Geschäftspartner der Unternehmen wie z. B. Kreditinstitute, Versicherungsunternehmen und andere Dienstleistungsunternehmen. Ausschließlich zum Zwecke der Authentizität werden die Namen real existierender Unternehmen und z. B. im Fall von Kreditinstituten auch deren IBANs und BICs verwendet.

Die in diesem Werk aufgeführten Internetadressen sind auf dem Stand zum Zeitpunkt der Drucklegung. Die ständige Aktualität der Adressen kann vonseiten des Verlages nicht gewährleistet werden. Darüber hinaus übernimmt der Verlag keine Verantwortung für die Inhalte dieser Seiten.

**service@westermann.de**
**www.westermann.de**

Bildungsverlag EINS GmbH
Ettore-Bugatti-Straße 6-14, 51149 Köln

ISBN 978-3-427-**12760**-4

westermann GRUPPE

# INHALT

# INHALT

# INHALT



**Inhalt BuchPlusWeb**

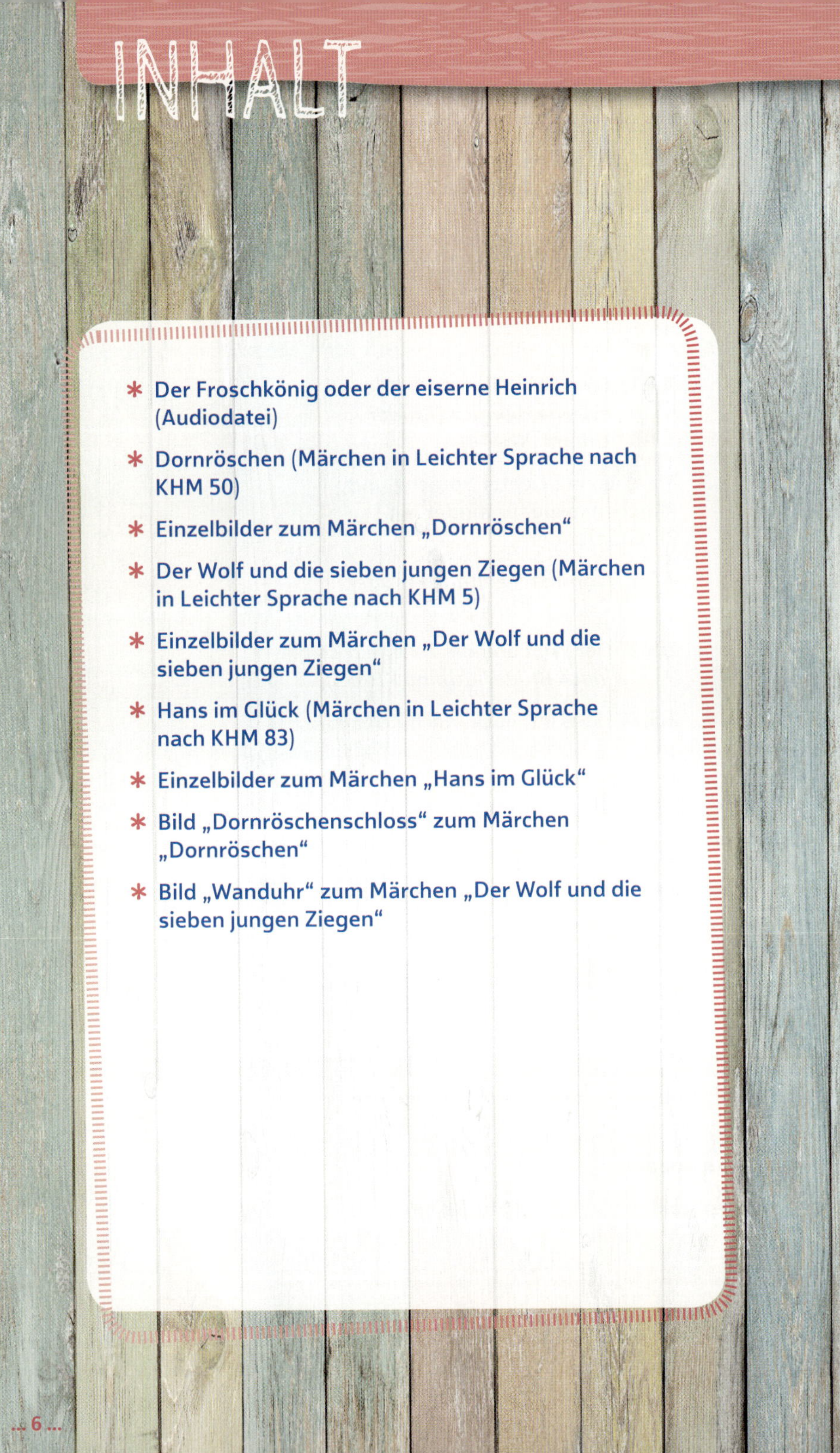

# INHALT

- * Der Froschkönig oder der eiserne Heinrich (Audiodatei)
- * Dornröschen (Märchen in Leichter Sprache nach KHM 50)
- * Einzelbilder zum Märchen „Dornröschen“
- * Der Wolf und die sieben jungen Ziegen (Märchen in Leichter Sprache nach KHM 5)
- * Einzelbilder zum Märchen „Der Wolf und die sieben jungen Ziegen“
- * Hans im Glück (Märchen in Leichter Sprache nach KHM 83)
- * Einzelbilder zum Märchen „Hans im Glück“
- * Bild „Dornröschenschloss“ zum Märchen „Dornröschen“
- * Bild „Wanduhr“ zum Märchen „Der Wolf und die sieben jungen Ziegen“

# VORWORT UND DANKSAGUNG

*„Wir meinen, das Märchen und das Spiel gehöre zur Kindheit: Wir Kurzsichtigen! Als ob wir in irgendeinem Lebensalter ohne Märchen und Spiel leben möchten!"*

– (Nietzsche, 1878, S. 122)

Mein Name ist Andrea Wilmes. Ich arbeite seit über 25 Jahren an einem Berufskolleg für Gesundheit und Soziales und habe Generationen von Schülerinnen und Schülern bzw. Studierende auf ihrem Weg begleitet. Seit sieben Jahren bin ich Märchenerzählerin und seit 2019 Mitglied der Erzähler-Gilde der Europäischen Märchengesellschaft (EMG).

Jedem Menschen egal, ob Kind, Jugendlicher, Erwachsener oder älterer Mensch, zeigen Märchen Verhaltensmuster für das Leben auf.

In zahlreichen Märchenseminaren, insbesondere bei der Europäischen Märchengesellschaft, habe ich erleben dürfen, dass Märchen zum Austausch anregen. Diese Erfahrung möchte ich mit diesem Praxisbegleitheft weitergeben.

Ich danke allen, die mich auf meinem Weg begleitet haben. Mein ganz besonderer Dank gilt Linde Knoch (Seminarleiterin, Märchenerzählerin) und meinem Tutor Rolf Peter Kleinen (Kommunikationstrainer, Erzähler), die mich intensiv auf meinem Weg zum öffentlichen Erzählen unterstützt haben.

In diesem Buch werden einige wesentliche theoretische Grundlagen zum Thema „Märchen" sowie Wissenswertes zur praktischen Märchenarbeit vermittelt.

In Kapitel 2.3 gibt Rolf Peter Kleinen wertvolle Tipps zum freien Vorlesen und Erzählen.
Grimm`sche Märchen, die von Dieter Brand-Kruth, u. a. Initiator des Bremer Stadtmusikantensommers 2019 und des Buchprojektes „Menschen-Rechte: Die 30 Regeln in Leichter Sprache“, zielgruppenorientiert in Leichte Sprache „übersetzt“ wurden, finden Sie in Kapitel 2.5.

**Anmerkung zur Bearbeitung der Märchen in Leichter Sprache**
Bei der Übersetzung der drei ausgewählten Märchen der Brüder Grimm in Leichte Sprache hat **Volker Uhle,** Berater für Leichte Sprache, weitere Vorschläge eingebracht.
**Nicole Papendorf,** Prüferin für Leichte Sprache, und andere haben den Text dann abschließend geprüft.

## HINWEISE

Das blaue Bild für Leichte Sprache ist von Inclusion Europe[1] und weist darauf hin, dass der nachfolgende Text einfach zu lesen und zu verstehen ist.

Die Vorschläge zur Gestaltung von Märchenstunden sind zum Teil mit Audiodateien und Bildmaterial ergänzt worden, die Sie im kostenlosen Downloadbereich dieses Buches (BuchPlusWeb) finden. Außerdem sind hier die drei Märchen in Leichter Sprache in Originalschriftgröße formatiert zu finden.

Im Namen des Autorenteams wünsche ich Ihnen viel Freude beim Lesen, Vorlesen, Erzählen und Erleben der Märchen.

Andrea Wilmes

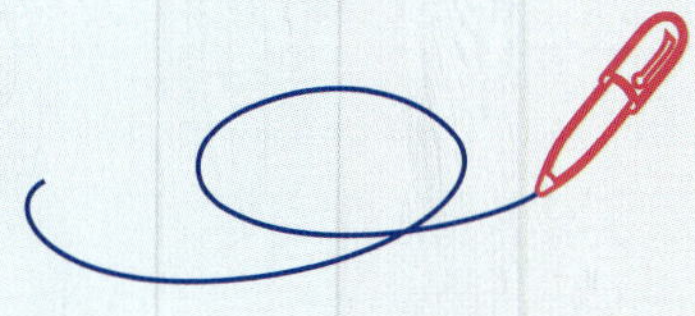

1 © Europäisches Logo für einfaches Lesen; Inclusion Europe. Weitere Informationen unter www.leicht-lesbar.eu

# 1 Märchenkunde

In diesem Kapitel werden Merkmale vorgestellt, die ein Märchen ausmachen; eine Abgrenzung zu anderen Literaturgattungen wird deutlich.

Sie erfahren, in welcher Weise Märchen zur Persönlichkeitsentwicklung beitragen können und welche Rolle Bilder und Symbole im Märchen spielen. Ebenso wird die Bedeutung des Bösen im Märchen beleuchtet.

Die Auseinandersetzung mit diesen Inhalten kann Ihnen beispielsweise dabei helfen, adäquate Antworten auf Fragen rund um das Märchen zu geben, wenn Sie in Ihrer Kita ein Märchenprojekt planen und durchführen möchten.

1

## 1.1 Was ist ein Märchen – Wie unterscheiden sich Volksmärchen, Kunstmärchen, Fabeln und Sage?

Märchen sind Erzählungen, die genau wie Sagen, Fabeln, Legenden und Mythen zu den einfachen Erzählformen gehören.

Das Wort „Märchen“ ist die Verniedlichungsform des kaum noch gebräuchlichen Wortes „Mär“, das so viel bedeutet wie Kunde, Bericht, Botschaft. Vielleicht kennen Sie Martin Luthers bekanntes Weihnachtslied „Vom Himmel hoch, da komm ich her, ich bring euch gute, neue Mär“. Das Märchen ist also frei übersetzt eine kurze Erzählung.

*(vgl. Geister, 2014, S. 13)*

Die **Volksmärchen**, zu denen beispielsweise die Grimm'schen Märchen zählen, offenbaren, in wundersame Geschichten eingehüllt, Lebensweisheiten, Erfahrungen, Sehnsüchte, Wünsche sowie allgemeingültige menschliche Werte. Über Jahrhunderte wurden sie mündlich überliefert, sodass Verfasser in der Regel unbekannt bleiben. Anfang des 19. Jahrhunderts sammelten die Brüder Jacob Grimm (1785–1863) und Wilhelm Grimm (1786–1863) Geschichten, die uns bis heute als Kinder- und Hausmärchen bekannt sind.

*(vgl. Medla/Reinemer, 2014, S. 14)*

Das **Kunstmärchen** wird im Gegensatz zum Volksmärchen von einem bestimmten Dichter verfasst. Während Volksmärchen aus der mündlichen Erzähltradition stammen und „uralt“ sein können, unterliegen Kunstmärchen in ihren Botschaften dem aktuellen Zeitgeschmack. Auch in der Sammlung der Kinder- und Hausmärchen der Brüder Grimm finden sich Märchen, die durchaus als Kunstmärchen zu bezeichnen sind, da in die überlieferten Texte so sehr eingegriffen worden ist, dass sie nicht mehr der reinen Erzähltradition entstammen, sondern ebenfalls zeitgenössische Ideen enthalten, oft von Wilhelm Grimm oder auch den Märchenzuträgern der Brüder.

*Hans Christi[an] Andersen*

Kunstmärchen greifen häufig auf Motive von Volksmärchen, Mythen und Sagen zurück. Zu ihren bekanntesten Verfassern gehören Wilhelm Hauff (1802–1827) und Hans Christian Andersen (1805–1875).

*(vgl. Reschke, 2. Aufl., 2012, S. 5)*

Im 20. Jahrhundert finden wir Kunstmärchen unter neuen Akzenten. Zeitlosen Stellenwert nimmt hier sicherlich „Der kleine Prinz“ von Antoine de Saint-Exupéry (1900–1944) ein. Auch unsere heute aktuellen

Fantasy-Stories können im weitesten Sinne den Kunstmärchen zugeordnet werden.

*(vgl. Zitzlsperger, 2007, S. 87)*

**Fabeln** sind kurze, meist belehrende Geschichten. Sprechende Tiere, seltener auch Pflanzen, denen menschliche Eigenschaften zugeschrieben werden (schlauer oder hinterlistiger Fuchs, ängstlicher oder vorlauter Hase), handeln sprechen oder denken wie Menschen. Versteckte oder ausgesprochene Kritik an deren Handlungen sind die wesentlichen Merkmale einer Fabel. Auf diese Weise soll der Zuhörer oder Leser sich selbst oder andere wiedererkennen. Die abschließende Moral enthält praktische Lebensweisheiten oder auch politische Aussagen. Die Fabel will unterhalten, aber auch belehren.

*Der Rabe und der Fuchs (La Fontaine)*

Als bekannte Vertreter sind sicherlich Aesop (6. Jahrhundert vor Christus) und Jean de La Fontaine (1621–1695) zu nennen.

*(vgl. Medla/Reinemer, 2014, S. 14 f.)*

**Sagen** sind wie Märchen meist mündlich überlieferte Erzählungen. Sie erheben jedoch im Gegensatz zu den Märchen einen gewissen Realitätsanspruch. Die Begebenheiten der Sage vermitteln vor allem durch konkrete Orts- und Zeitangaben das Gefühl, dass sie der Realität entsprechen.

Man denke nur an das Riesengebirge mit seinem Rübezahl oder den Rattenfänger von Hameln. Sagen sind oft Geschichten um Erschreckendes, um menschliche Ängste.

Häufig wird ein tatsächliches Ereignis zum Anlass genommen und mit einer Geschichte fantasievoll ausgeschmückt. Während das Märchen in der Regel ein gutes Ende hat, nimmt die Sage zumeist ein böses Ende.

*(vgl. Medla/Reinemer, 2014, S. 15)*

1

## 1.2 Wesensmerkmale des Volksmärchens

Im Allgemeinen weist das Volksmärchen folgende Struktur auf: Der Märchenheld oder die Märchenheldin zieht aufgrund einer Mangelsituation, einer Notlage oder einer zu bewältigenden Aufgabe aus, geht einen Weg und muss auf diesem Weg für neue Begegnungen offen sein. Auf dem Weg gibt es Aufgaben zu erfüllen, diese werden oftmals mit Helfern aus dem Jenseitigen gelöst. Vielfach steht am Schluss die königliche Hochzeit, zumeist jedenfalls das gute Ende.

*(vgl. Lüthi, 10. Aufl., 2004, S. 25)*

Nach Max Lüthi (1909–1991), einem Schweizer Literaturwissenschaftler des 20. Jahrhunderts, zeigen sich im europäischen Volksmärchen folgende Merkmale:

### 1. Eindimensionalität (Einweltcharakter)

Menschen im Märchen, Helden wie Gegenspieler, begegnen Jenseitigen wie Hexen, Zauberern, sprechenden Tieren, als ob sie ihresgleichen wären. Die zwei Dimensionen „Diesseits" und „Jenseits" kennen die Märchenhelden nicht.

*(vgl. Lüthi, 11. Auflage, 2005, S. 9)*

### 2. Flächenhaftigkeit

Im europäischen Volksmärchen gibt es keinen Ort und keine Zeit. Die Märchengestalten sind Figuren ohne Körperlichkeit, ohne Innenleben, ohne Umwelt und haben keinen Bezug zu Vor- und Nachfahren oder zur Zeit überhaupt.

*(vgl. Lüthi, 11. Auflage, 2005, S. 13)*

Es gibt auch keine Krankheiten, es fließt kein Blut. Von Schmerzen erfahren wir nichts, ebenso wenig über Heilungsprozesse. Das Märchen spricht nicht von Mitleid, von Arglosigkeit, vom Edelmut des Helden, sondern es zeigt, wie alles in Handlung umgesetzt wird.

Alles passiert im Hier und Jetzt. So verwundert es beispielsweise nicht, dass Dornröschen nach hundertjährigem Schlaf genauso jung erwacht, wie es eingeschlafen ist.

Gefühle werden ebenfalls nur benannt, wenn sie zur Handlung beitragen. So weint Rapunzel am Ende vor allem deshalb, damit ihr Mann wieder sehen kann.

*Märchenerzähler, so sagt die Literaturwissenschaftlerin und Märchenerzählerin Vilma Mönckeberg[2], lassen die Märchenhelden zu körperhaften, dreidimensionalen Personen werden, gefühlvoll und vital.*

*(vgl. Schaufelberger, 8. Aufl., 1987, S. 45)*

## 3. Abstrakter Stil

Das Märchen arbeitet mit **starren Formeln, Versen, symbolträchtigen Zahlen**. Es liebt die Einzahl, Zweizahl (Hänsel und Gretel), Dreizahl (drei Söhne, drei zu erfüllende Aufgaben, ...), Siebenzahl (sieben Geißlein), Zwölfzahl (weise Frauen bei Dornröschen).

*(vgl. Lüthi, 11. Aufl., 2005, S. 33)*

Durch **formelhafte Anfänge** (Es war einmal ...) oder das **Vorstellen der Hauptakteure** (Ein Läuschen und ein Flöhchen, die lebten zusammen ...) werden die Zuhörer ins Märchen geholt, durch **Schlusssätze** kehren sie in die Realität zurück oder werden manchmal auch im Bann gelassen (... und wenn sie nicht gestorben sind ...).

*(vgl. Schaufelberger, 8. Aufl., 1987, S. 45 f.)*

**Wiederholungen** („Spieglein, Spieglein, an der Wand,...", „Rapunzel, Rapunzel, lass dein Haar herunter"), **Extreme** (Reichtum und Armut, Schönheit und Hässlichkeit, ...), **Wunder,** wie die Rettung von Rotkäppchen, Schneewittchen und Dornröschen, zählen ebenfalls zum abstrakten Stil des Märchens.

## 4. Isolation und Allverbundenheit

Der Märchenheld kann seine Prüfungen nur in der **Isolation** bestehen. Er macht sich allein auf den Weg. Auch wenn es sich um mehrere Protagonisten handelt, hat jeder seine Aufgaben allein zu vollziehen, das ist Märchengesetz.

---

2 **Vilma Mönckeberg** (1892 – 1985), Märchenerzählerin, brachte als erste das Symbol der liegenden Acht (Lemniskate) mit Märchen in Verbindung , da Märchen auch in Gegensatzbildern aufzeigen, dass das Leben niemals stagniert. Sie entwickelte eine Methode, die es ermöglicht, sich Texte so von innen her – vom Rhythmus ihrer Sprachbilder her – anzueignen, dass man sie schließlich wortgetreu und lebendig wiedergeben kann.

*(vgl. Knoch, 4. Aufl. 2010, S. 174 ff.)*

Wenn jeder nacheinander eine Aufgabe zu bewältigen hat, wiederholt der zweite den Fehler des ersten, ohne daraus zu lernen, das heißt, keiner zieht seine Konsequenzen aus dem vorher Geschehenen. Der Dritte erfüllt dann zwar die Aufgabe, aber nicht, weil er etwas gelernt hätte, sondern weil ihm Helfer zur Seite stehen (beispielsweise in „Die drei Brüder"). Ebenso kann die Stiefmutter von Aschenputtel zwar nicht verstehen, wie das Mädchen das erste Mal die Linsen so schnell aus der Asche lesen konnte, denkt aber auch nicht daran, das Mädchen beim nächsten Male zu beobachten.

Werden durchschaute Bösewichter nach der gerechten Strafe für ihr Handeln befragt, sprechen sie ohne Besinnen ihr eigenes schreckliches Urteil aus. In jeder anderen Erzählung müsste der Gefragte die Zusammenhänge sofort erkennen und ausweichende Antworten geben, im Märchen nicht.

Andererseits aber bewirkt die sogenannte **Allverbundenheit**, dass gerade, wenn die Märchenhelden ganz isoliert handeln, sie sich mit allem Möglichen und Unmöglichen verbinden. Sie denken nur an ihren eigenen Weg – und erlösen dadurch andere. Sie denken nur an den anderen – und erreichen so das eigene Ziel.

*(vgl. Lüthi, 11. Aufl., 2005, S. 37 f.)*

## 5. Sublimierung und Welthaltigkeit

Zum Stil des Volksmärchens gehört außerdem die sublimierte Wiedergabe von Inhalten. Durch die abstrakte und flächenhafte Darstellung wird eine Art „Entwirklichung" erzeugt. Beispielsweise verleihen die knappen Beschreibungen von Verletzungen und Gewalt durch Auslassen des Konkreten eine eher schwerelose Wirkung.

*(vgl. Zitzlsperger, 2007, S. 57)*

Sexualität und Erotik werden im Märchen nicht thematisiert, obwohl zentrale Motive Brautwerbung und Hochzeit sind. Nur versteckt lassen sich erotische Motive entdecken, die aber beim Märchenhörer keine Assoziationen aufkommen lassen, da er derartige Anspielungen in Märchen nicht gewohnt ist (beispielsweise will der Frosch im Märchen „Der Froschkönig" unbedingt im Bett der Prinzessin schlafen).

Die Auseinandersetzung mit Problemen und Themen, die es auf der ganzen Welt gibt und welche alle Menschen gleichermaßen betreffen (= Welthaltigkeit) wie Partnersuche, Verlobung, Hochzeit, Kinderwunsch und Unfruchtbarkeit, Tod der Eltern oder Kinder findet man ebenfalls in den Märchen. Durch den Verzicht auf eine konkret-realistische Ausgestaltung können Transferleistungen ermöglicht werden.

Helga Zitzlsperger schreibt hierzu:

*„Durch den märchenhaften Stil ist Raum für persönliche Vorstellungen und Probleme gegeben. Fiktives Probehandeln vollzieht sich auf einer geistigen Spielwiese“*

*(Zitzlsperger, 2007, S. 58)*

### 6. Achtergewicht

Auch die Sonderstellung des Jüngsten ist im Märchen zur reinen Form geworden. Dieses sogenannte „Achtergewicht“ erkennen wir im Gesamtzusammenhang des Märchens als eine Ausprägung der Isolation.

Den Begriff „Achtergewicht“ prägte Axel Olrik (*3 Juli 1864, +17 Februar 1917), ein dänischer Volkskundler und Märchenwissenschaftler. Das Wort „achtern“ finden wir ansonsten eher in der Seemannssprache, wo es „hinten am Schiff“ bedeutet.

Diese Bezeichnung in Bezug auf das Volksmärchen beschreibt, dass das Märchen mit den Jüngsten und Kleinsten sympathisiert. Oft sind es die jüngsten Brüder, sie werden zumeist als „Dummlinge“ bezeichnet, die sich als letzte aufmachen, das Böse zu besiegen, was ihnen dann auch gelingt. Sie bestehen alle Prüfungen, an denen ihre älteren Brüder gescheitert sind.

Kinder können sich mit dem „wahren Märchenhelden“ identifizieren, mit dem, der trotz aller Verspottungen das Ziel erreicht. Das Kind kann durch das Märchen zu der Erkenntnis gelangen, dass man siegen und Prüfungen bestehen kann, auch wenn man klein und schwach ist.

*(vgl. Koppehele, 2012)*

## 1.3 Bedeutung von Märchen für die kindliche Entwicklung

*„Wenn du intelligente Kinder willst, lies ihnen Märchen vor. Wenn du noch intelligentere Kinder willst, lies ihnen noch mehr Märchen vor.“*

*(Albert Einstein)*

Märchen wurden ursprünglich nicht Kindern, sondern Erwachsenen erzählt. Erst mit den Brüdern Grimm, die Märchen aufschrieben und diese 1812 erstmalig als Kinder- und Hausmärchen herausbrachten, wurde das Volksmärchen auch als Erziehungsmittel entdeckt. Diese Zielsetzung ist jedoch seitdem sehr umstritten.

Kinder im Alter zwischen vier und sechs Jahren befinden sich in einer Phase, in der das sogenannte „magische Denken" vorherrscht. Das Kind hat in dieser Zeit eine ausgeprägte Fantasie, sodass es oft zwischen Realität und Fantasie kaum unterscheiden kann.

Beispielsweise nimmt es in dieser Phase vieles als belebt wahr und vermenschlicht Dinge. Es schimpft mit dem Tisch, an dem es sich gestoßen hat und sagt: „Du böser Tisch" und lässt die Sonne leben, indem es ihr ein freundliches Gesicht aufmalt.

Durch diese Denk- und Vorstellungsmuster werden Kinder im Märchen durch die bildhafte Sprache direkt angesprochen und haben keinerlei Zweifel an den Geschehnissen im Märchen.

Es besteht also eine Wesensverwandtschaft zwischen kindlicher Denkstruktur und Strukturen des Volksmärchens – Kinder denken in Bildern und leben in einer Welt, in der alles lebendig ist, und das Märchen spricht in Bildern.

*(vgl. Schenk-Danzinger, 1988, S. 146 f.)*

Märchen sind Geschichten, die aus großer Lebenserfahrung sprechen und Kinder können sich mit ihren Themen ebenso im Märchen wiederfinden wie Erwachsene. Sie machen Mut, das Leben zu wagen mit all seinen Herausforderungen, weshalb Märchen in vielerlei Hinsicht vor allem für Kinder bedeutsam sind:

**Das Märchen**

- definiert klar „Held" und „Gegenspieler" und hilft dem Kind, das noch nicht in der Lage ist, zu erkennen, dass jemand sowohl gut als auch böse sein kann, mit widerstreitenden Gefühlen fertig zu werden.
- bietet dem Kind Lösungen im Rahmen seines Weltbildes an und dient so als Schlüssel zum Verständnis der Welt.
- greift Hoffnungen und Ängste der Kinder auf, wie beispielsweise die zeitweilige Trennung von der Bezugsperson, Geschwisterrivalitäten, und bietet in einer bildhaften Sprache Lösungswege an.

* nennt kindliche Ängste beim Namen, symbolisiert beispielsweise durch einen Riesen, eine Hexe oder einen Wolf, und vermittelt Zuversicht, sodass das Kind erfährt, dass Böses überwunden werden kann.
* stellt den Märchenhelden vor, der meist nicht nur ein gewöhnlicher Mensch ist, sondern häufig sogar ein zurückgesetztes Kind, mit dem es sich identifizieren kann.
* zeigt, dass der Märchenheld seine Furcht überwinden muss, damit das Böse besiegt werden kann, was sich im guten Ende immer wieder zeigt.
* vermittelt dem Kind: „Du bist nicht allein“, denn auftauchende Helfer aus dem Jenseitigen symbolisieren, dass es immer Hilfe geben kann, wenn man nicht mehr weiter weiß.
* gibt Orientierung, was richtig und falsch sein kann, ohne zu moralisieren und zeigt auf, dass man sein Leben meistern kann und Zufriedenheit erfahren darf.
* fördert zudem die Kreativität, regt die Fantasie an, stärkt das Vorstellungsvermögen und die Fähigkeit zuzuhören.

*Das Volksmärchen „holt das Kind dort ab, wo es steht“, indem es „seine Sprache spricht“. Es eignet sich in besonderer Weise, kognitive und sprachliche Fähigkeiten zu fördern, hilft bei der Persönlichkeitsentwicklung und vermittelt Hoffnung und Lebensmut.*

*(vgl. Lutkat, 2. Aufl., 2016, S. 14 ff.)*

## 1.4 Bildsprache im Märchen

Durch die bildnerische Sprache des Märchens lassen sich Gefühle ausdrücken, die in einer logisch-abstrakten Sprache gar nicht „zu Wort kommen“ können, was so viel bedeutet wie „ich stehe erlebend in einer Erfahrung, an der ich gefühlsmäßig und sinnlich beteiligt bin“.

*(vgl. Knoch, 2013, S. 10)*

Es ist notwendig, dass wir uns mit den Bildern des Märchens, das erzählt werden soll, auseinandersetzen, bevor wir es den Kindern erzählen. Dies gehört zur Vorarbeit der pädagogischen Fachkraft.

*(vgl. Betz, 6. Aufl., 1988, S. 16)*

Wenn man sich mit der Bildsprache im Märchen auseinandersetzt und auf diese Weise versucht, das Märchen für sich selbst zu entschlüsseln, kann man das Märchen mit ganz anderen Augen sehen. Jeder einzelne Satz hat dann eine bestimmte Bedeutung. Es kann interessant sein, Märchendeutungen zu lesen, um einen neuen Blick auf die Märchen zu erhalten, aber beim Erzählen ist zunächst die eigene, individuelle Deutung von Belang.

*(vgl. Greiner-Burkert, 2012, S. 29)*

Wie von selbst, so ganz nebenbei, können die „Märchenbilder" helfen, einen Ausdruck für namenlose Gefühle zu finden: für Schmerz, Trauer, Verlust, aber auch für Zuversicht, Freude und Dankbarkeit.

*(vgl. Hirsch, 2016, S. 14)*

Märchen erzählen von menschlichen Erfahrungen, die beim Hören vor unserem inneren Auge auftauchen können. So kann beispielsweise für die Rettung aus einem Zustand der Erstarrung das Bild der Erlösung aus der Versteinerung stehen.

*(vgl. Knoch, 4. Aufl., 2010, S. 13)*

Diese innere Beteiligung erleben Kinder beim Märchenhören viel intensiver als Erwachsene. Sie werden durch ihre Denk- und Vorstellungsmuster vom Märchen direkt angesprochen. Nicht ohne Grund wird dieses Alter auch „Märchenalter" genannt.

Auch Erwachsene, die das Kind in sich bewahren und sich auf diese „Bildsprache" einlassen, können Grundfragen des menschlichen Lebens mithilfe der Märchen Ausdruck verleihen, das eigene (Er)Leben verstehen und deuten: „Ja, auch mir ist es schon gelungen, Stroh zu Gold zu spinnen".

*(vgl. Hirsch, 2016, S. 14)*

Unsere Volksmärchen sprechen insbesondere in drei großen Bildern vom gelungenen Leben:

* dem Reichtum, der für ein Leben voller seelischer Bereicherung steht,
* dem Königtum, das für die eigene Beherrschung steht,
* und der Hoch-Zeit, welche die Verbindung von Gegensätzen wie Leben und Tod, männlich und weiblich, Hell und Dunkel symbolisiert.

*(vgl. Lutkat, 2. Aufl., 2016, S. 12)*

## Übung zur Sensibilisierung für Urbilder in Märchen

*(nach Greiner-Burkert)*

Ich stelle mich aufrecht hin, meine Füße stehen fest und sicher auf der Erde *(Vorstellung, dass aus den Fußwurzeln kleine Wurzeln in den Boden wachsen).*

Ich schließe meine Augen und richte meine Aufmerksamkeit auf den Atem (dabei evtl. Hände auf den Körper legen, wo der Atem gut zu spüren ist).

Ich atme nun im eigenen Tempo einige Male ein und aus. Der Atem strömt durch meine Nase oder den leicht geöffneten Mund ein und aus.

Ich stelle mir vor, wie beim Einatmen die Luft durch ganzen Körper und in jede Zelle fließt, bis hinunter in die Füße. Beim Ausatmen kann ich der ausströmenden Luft alles mitgeben, was ich im Moment nicht brauche und was mich stört. Gedanken, die kommen, nehme ich wahr und lasse sie weiterziehen wie Wolken am Himmel.

Nun stelle ich mir vor, dass ich ein weiser und gerechter König oder eine Königin bin. Ich trage eine Krone auf dem Kopf und bin in einen prächtigen Mantel gehüllt. Ich kann in diesem Moment spüren, welche Macht und Verantwortung ein König/eine Königin hat.

Ich habe einen treu ergebenen Hofstaat, der hinter mir steht und mir den Rücken stärkt. (Ich nehme mir einen Augenblick Zeit, mich ganz in diese Rolle einzufühlen.)

Nun verlasse ich die Rolle des weisen Königs/der weisen Königin, indem ich meine Arme und Beine ausschüttle und begebe mich zurück in die Ausgangsposition.

Als Nächstes darf ich mir vorstellen, ein junger Prinz oder eine Prinzessin zu sein. Mein Leben liegt noch vor mir und es zieht mich hinaus in die Welt. Zu Hause im heimatlichen Schloss gibt es keine Herausforderungen mehr für mich. Ich will Abenteuer erleben und in die Welt hinausziehen. Ich spüre die Kraft und den Tatendrang der Jugend. (Ich lasse mir genügend Zeit, mich in diese Rolle hineinzuversetzen und ihre Qualitäten wahrzunehmen.)

Nun verlasse ich auch diese Rolle, indem ich Arme und Beine kräftig ausschüttle und begebe mich ein letztes Mal in die Ausgangsposition.

Als letztes begebe ich mich nun in die Rolle des Kriegers. Ich bin stark und mutig. Ich kenne meine Schwächen und kann meine Stärken gezielt einsetzen.

Mit vollem Einsatz kämpfe ich für meine Sache. Nichts und niemand kann mich aufhalten.

Ich spüre meine Stärke und Durchsetzungskraft. (Ich nehme mir wieder genügend Zeit, bis ich ein Gefühl für diese Rolle bekomme und mich gut in sie hineinversetzen kann.)

Ich verabschiede mich nun wieder von dieser Rolle, indem ich meine Arme und Beine ausschüttle und kehre so langsam in die Realität zurück.

**TIPP**

Diese Übung eignet sich sehr gut, um sich die einzelnen Figuren, die in einem Märchen vorkommen, zu erarbeiten. Man kann sie beliebig ausdehnen und verfeinern, indem man sich ganz detailliert vorstellt, wie die Personen aussehen, welche Kleidung sie tragen, wie sie sich bewegen und wie sie sprechen.

*(vgl. Greiner-Burkert, 2012, S. 26 ff.)*

## 1.5 Grausamkeiten im Märchen

*„Märchen sagen Kindern nicht, dass es Drachen gibt. Kinder wissen schon, dass es Drachen gibt. Märchen sagen den Kindern, dass Drachen getötet werden können.“*

*(Gilbert Keith Chesterton, zitiert nach: Winter, 2015, S. 3)*

Von Eltern werden häufig Bedenken geäußert, wenn es um das Märchenerzählen geht. Viele Eltern befürchten, dass Kinder mit den Grausamkeiten, die viele Märchen enthalten, überfordert würden (z. B. die böse Stiefmutter, die ihre Kinder aussetzt, der verschlingende Wolf, abgeschlagene Köpfe usw.).

*„Es ist hilfreich, sich klarzumachen: Märchen sparen die Grausamkeiten des Lebens nicht aus, aber sie machen sie nicht zum Thema. Thema des Märchens ist nicht das Destruktive,*

*sondern das Konstruktive. Nicht vom Zerstörerischen, sondern vom Gelingen des Lebens erzählen die Märchen. Dass dies nicht immer leicht und schmerzlos geht, verschweigen die Märchen nicht.*

*(Knoch, 4. Aufl. 2010, S. 96)*

So lässt es sich erklären, dass es Kinder nicht stört, mit Grausamkeiten im Märchen konfrontiert zu werden, ganz im Gegenteil:

*„Vieles, was uns grausam erscheinen mag, wird von den Kindern gar nicht so empfunden. Für ein Kind ist es selbstverständlich, dass der Märchenheld den Drachen oder den feurigen Hund erschlägt."*

*(Röhrich, 2002, S. 216)*

*„Das Märchen spricht in Bildern vom Bedrohlichen und vom Errettenden, vom Bösen und vom Guten, vom Mangel und von der Fülle, vom Heiteren und vom Traurigen, vom Schönen und vom Hässlichen. Und es spricht davon in Bildern, die vom Kind ganz unmittelbar und ohne jede Klärung angenommen werden."*

*(Röhrich, 5. Aufl. 2001, S. 157)*

Die Konsequenzen, die überflüssige Erklärungen scheinbar grausamer Elemente im Märchen mit sich bringen können, erläutert Linde Knoch in ihrem Titel „Praxisbuch Märchen" anhand des folgenden Beispiels:

Ein Vater, der seinem Sohn nach dem Erzählen des Märchens „Der Wolf und die sieben jungen Geißlein" das Bild des verschlingenden Wolfes zu erklären versucht, vergleicht auf die Frage seines Sohnes „Papa, wie sieht ein Wolf aus?" den „Märchenwolf" mit dem Schäferhund des Nachbarn. So schafft der Vater deutlich einen Realitätsbezug und da wird insbesondere das Bild des Wolfes mit seinem aufgeschnittenen Bauch für den Jungen zu einem grausamen, er weint und sagt: „Der Wolf soll nicht sterben."

*(vgl. Knoch, 4. Aufl. 2010, S. 99)*

**ACHTSAMKEIT**

**Damit das Kind die Grausamkeiten im Märchen als selbstverständlich annehmen kann, sollte der Erzähler oder die Erzählerin immer darauf achten, die „grausamen Stellen" nicht zu dramatisch zu erzählen.**

Hier Beispiele für bildhafte Grausamkeiten und deren mögliche Bedeutungen für das Kind:

| BILDHAFTE GRAUSAMKEIT | MÖGLICHE BEDEUTUNG FÜR DAS KIND |
|---|---|
| * verschlingender Wolf *(Der Wolf und die sieben jungen Geißlein, KHM 5)* | Angst, die entstehen kann, wenn das Kind von der Bezugsperson getrennt wird (beispielsweise beim Kita-Eintritt) |
| * böse Stiefmutter, die Kinder aussetzt *(Hänsel und Gretel, KHM 15)* | wichtiger Entwicklungsschritt, der gegangen werden muss, um von der Abhängigkeit zur Selbstständigkeit zu gelangen<br><br>*(Dieser Schritt kann nicht völlig schmerzfrei verlaufen und kann deshalb wie ein Ausgesetztwerden erlebt werden.)* |
| * rotglühende Schuhe *(Sneewittchen, KHM 53)* | Gefühl, das uns überfällt, wenn wir etwas Böses getan haben, das mit einem schlechten Gewissen einhergeht<br><br>*(Durch die glühenden Schuhe aber kann das Böse in uns ausgebrannt werden, es verglüht und verschwindet so.)* |
| * ausgestochene Augen (*Rapunzel, KHM 12)* | Gefühl, nicht um-sichtig gewesen zu sein, die nächstliegende Lösung eines Problems wiederholt nicht zu sehen, mit Blindheit geschlagen zu sein, sich sagen „Wo hatte ich nur meine Augen?"<br><br>*(In dem Märchen hat der Königssohn nicht gesehen, was zu tun war, um mit Rapunzel eine Verbindung einzugehen. Sie allein stellt die Verbindung mithilfe ihrer Haare her, die dann aber, auch in einem nicht um-sichtigen Moment, jäh abgeschnitten werden.)* |
| * abgeschlagene Hände *(Das Mädchen ohne Hände, KHM 31)* | Zeichen der Handlungsunfähigkeit<br><br>*(hier nur temporär, da sie ja nachwachsen)* |
| * abgeschnittene Fersen und Zehen *(Aschenputtel, KHM 21)* | Gefühl, nicht richtig „Fuß fassen" zu können, keinen eigenen Standpunkt einnehmen zu können |

| BILDHAFTE GRAUSAMKEIT | MÖGLICHE BEDEUTUNG FÜR DAS KIND |
|---|---|
| * Versteinerung *(Die Bienenkönigen, KHM 62)* | vorübergehender „Erstarrungsmoment“, bevor neues Leben möglich wird, siehe auch Redewendung „gefühllos wie ein Stein“, „ein Herz aus Stein haben“<br><br>*(Die Brüder verhalten sich der Natur gegenüber gefühlskalt und werden versteinert.)* |
| * abgeschnittene Köpfe *(Das Meerhäschen, KHM 191)* | bei fehlender Vorbereitung von Aufgaben „verlieren wir den Kopf“, wir können uns nicht „behaupten“, handeln „kopflos vor Angst“, „verspielen Kopf und Kragen“ |

*(vgl. Knoch, 4. Aufl. 2010, S. 96 ff.)*

Jeder Sieg des Guten über das Böse zeigt, dass durch Aufmerksamkeit und Achtsamkeit vieles gelingen kann, dass jeder durch „Selbstbeherrschung“ zum „Herrscher über ein Reich“ werden kann. Hierauf legt das Kind sein Augenmerk, wenn es die Grausamkeiten des Märchens aufsaugt.

Zudem lässt die absolute Vernichtung des Bösen den Helden in noch hellerem Licht erscheinen, wodurch nochmals deutlich wird, wie wichtig es ist, Grausamkeiten niemals auszusparen, denn diese Vorstellung bietet dem Kind ein Gegengewicht zu seinem manchmal vorherrschenden Gefühl von Kleinheit und Machtlosigkeit.

Am Ende geht schließlich alles nach andauerndem, bedachtem Handeln gut aus, der Held hat es geschafft, das Böse ist besiegt.

*(vgl. Medla/Reinemer, 2014, S. 21 f.)*

# 2 Praktische Märchenarbeit

Dieses Kapitel enthält Hinweise zur Vorbereitung einer Märchenstunde sowie Tipps und Übungen zum Vorlesen und Erzählen. Sie erfahren, wie jedes Märchen durch einen Grundton bestimmt wird. Hierzu finden Sie im BuchPlusWeb fünf erzählte Märchen, die unterschiedliche Grundtöne deutlich werden lassen.

Märchenstunden zu bekannten und weniger bekannten Märchen für verschiedene Altersstufen dienen als Anregung zur Planung einer Stunde.

Märchen, die für Kinder mit Lernschwierigkeiten verständlich gestaltet wurden, finden Sie ebenfalls in diesem Kapitel. Sie erleichtern das Verstehen eines Märchens. Auch hierzu finden Sie Bildmaterial im BuchPlusWeb zum sofortigen Einsatz in Ihrer Kindergruppe.

## 2.1 Allgemeines zur Vorbereitung einer Märchenstunde

HINWEISE

* Wählen Sie nur Märchen aus, die Ihnen selbst gefallen, denn wenn Sie mit Freude erzählen, wirkt sich dies auch positiv auf Ihre Zuhörer aus.
* Beschäftigen Sie sich vorher intensiv mit dem Märchen, das Sie vorlesen oder frei erzählen möchten, indem Sie die einzelnen Bilder wie einen Film vor Ihrem inneren Auge laufen lassen. Sie sind dann „im Bilde" und können das Märchen so erzählen, als hätten Sie das, was Sie erzählen, selbst erlebt.
* Achten Sie darauf, beim Erzählen oder Vorlesen an Stellen mit wörtlicher Rede Ihre Stimmlage entsprechend der dargestellten Person zu verändern (beispielsweise würdevoll wie ein König sprechen), ohne jedoch die Stimme künstlich zu verstellen. Das wirkt unnatürlich und ist für Sie als Erzähler/-in wie auch für die Zuhörer anstrengend (kein Kasperletheater!).

*(vgl. Thomas, 2016, S. 29 f.)*

### Zum Grundton des Märchens

Wenn wir uns ein Märchen neu erarbeiten, müssen wir es zunächst laut lesen, ihm „unsere Stimme leihen", denn Volksmärchen wurden in früheren Zeiten immer gesprochen und wie selbstverständlich in einem bestimmten Ton erzählt.

Wir aber, die wir das Märchen nun zunächst lesend kennenlernen, sind gefordert, dessen Grundton, das heißt, die Grundstimmung, die durch den Märcheninhalt vermittelt wird, zu erkennen.

TIPP

Häufig kann die Grundstimmung des Märchens durch seinen Ausgang erfasst werden. Lesen Sie deshalb das ausgewählte Märchen zunächst in seiner Ganzheit und achten insbesondere auf das Finale.

Felicitas Betz sagt hierzu:

*„Die Märchen selbst aber sind derart unterschiedlich im Grundton, spiegeln sie doch das Phänomen Leben in solcher Differenziertheit, dass ihnen ein gleichbleibender Märchenton nicht gerecht werden kann, sondern sie eher in ein kindisches Licht rückt."*

*(Betz, 6. Aufl., 1988, S. 15)*

Folgende Fragen können helfen, den angemessenen Grundton eines Märchens zu finden:

* Wer hat das Märchen wohl für wen erzählt?
  - *Männer in einer Schenke unter sich?*
  - *Eine Familie auf dem Feld in einer Arbeitspause?*
  - *Ein Großvater für seine Enkel?*
  - *Ein Redner bei festlicher Gelegenheit?*
  - *Eine Bezugsperson für Kinder vor dem Einschlafen?*
  - *Ein fahrender Erzähler?*
  - *Ein Erzähler in einer Dämmerstunde?*

* Wo mag es entstanden sein?

**ACHTSAMKEIT**

- **Ein herzhafter, kräftiger, ja vielleicht sogar derber Ton kann gewählt werden, wenn das Märchen einem Schwank verwandt ist.**
- **Enthält es lyrische Elemente, wird es zart und leicht erzählt.**
- **Nachdenklich und ernst, aber möglicherweise auch heiter und humorvoll, sollte das Märchen erzählt werden, wenn es einer Lehrgeschichte ähnelt.**

Ganz besonders zu beachten ist außerdem, dass ein Zaubermärchen, das zwar voller Geheimnisse steckt, einfach, schlicht und absichtslos erzählt wird, denn:

**ACHTSAMKEIT**

**Im Zaubermärchen gilt das Wunder als selbstverständlich, was im Erzählen durchklingen muss.**

Rudolf Geiger (1908–1999), ein deutscher Literaturwissenschaftler, Schriftsteller und Märchenforscher hat gefordert, ein **Erzähler solle nicht *mit* Gefühl, sondern *im* Gefühl erzählen** (vgl. Geiger, 1990, S. 45). Er meint damit Folgendes: Wir müssen uns in die Märchenhelden hineinversetzen, in ihre Situation, ob es sich um Mangel oder Not handelt und dieses glaubhaft erzählen. Es darf uns nicht passieren, dass uns das Gefühl für eine der Figuren überkommt, wie z. B. Mitleid mit Schneewittchen, denn dann würden wir sentimental erzählen.

*(vgl. Knoch, 4. Aufl., 2010, S. 183)*

## DAS PASSIERT

***Beispiele für „Grundtöne“***

*berichtend*

*berichtend, von Zuversicht bestimmt*

*beruhigend*

*beschwörend*

*derb*

*emotional-flexibel*

*erfahren*

*ernst verschmitzt*

*frisch, unverwundbar, man wird durchkommen, was auch passieren mag*

*heiter*

*heiter-fließend*

*humorvoll*

*leicht und heiter*

*leicht, doch ganz sicher, Zuversicht zeigen*

*lyrisch*

*naiv-einfältig*

*prosaisch*

*sachlich*

*sachlich, vermischt mit Geborgenheitsempfinden*

*sachlich-verhalten*

*schlicht*

*schwebend, offen*

*tief-ernst-dramatisch*

*unruhig, erregt*

*unterkühlt*

*verhalten-heiter*

*warm*

*zart*

*(vgl. Betz, 6. Auflage, 1988, S. 15)*

**Anmerkung:** Ins BuchPlusWeb haben wir bewusst Märchen mit unterschiedlichen Grundtönen für Sie aufgenommen, die Ihnen das hier Beschriebene anschaulich verdeutlichen.

## Vorbereitung der Märchenstunde

### HINWEISE

* Wählen Sie kurze Märchen mit einfach strukturierter Handlung, die nicht länger als zehn Minuten dauern.
* Es hat sich bewährt, immer nur ein Märchen in den Mittelpunkt einer Märchenstunde im Kindergarten zu stellen und dieses durch Vor- und Nacharbeit zu vertiefen. Beispielsweise können Erzieherinnen, die Kindern ein Tiermärchen vorstellen möchten, in der Vorbereitungsphase Tiere beobachten, die in dem Märchen vorkommen.
* Werden öfter Märchen erzählt, sollte darauf geachtet werden, dass einmal ein männlicher, ein anderes Mal eine weibliche Heldin im Märchen vorkommt.
* Die Märchenstunde, die an einem ruhigen gemütlich vorbereiteten Ort stattfindet, sollte mit einem Ritual beginnen und auch enden (beispielsweise mit einem zarten Ton einer Kalimba oder dem Anzünden einer „Märchenkerze“).
* Es wird darauf geachtet, dass das ausgewählte Märchen niemanden überfordert. Manchmal bietet es sich an, nur einer kleineren Gruppe von Kindern zu erzählen. Ansonsten hat sich eine Zuhörerzahl von maximal 15 Kindern bewährt.
* Eine für oder auch mit den Kindern dezent gestaltete Märchenmitte ist wichtig, damit die Kinder einen Ort haben, auf den sie ihre Konzentration richten können. Bewährt haben sich Tücher aus Pannesamt, dekoriert mit Naturmaterialien, Kerzen und dezenten Symbolen, die mit dem zu erzählenden Märchen verbunden werden können.

**ACHTSAMKEIT**

**Achten Sie darauf, dass die gewählten Symbole den Märchentitel nicht vorher verraten, denn dies birgt die Gefahr, dass einige Kinder sagen: „Das kenn ich schon“ und so das Interesse sinkt, dem Märchen zuzuhören.**

*(vgl. Koppehele, 2012, S. 45 f.)*

Das Märchen wird dann weitgehend textgetreu vorgelesen oder erzählt.

## Nachbereitung

Nach dem Erzählen lassen Sie den Kindern Zeit, damit sich das Gehörte setzen kann. Anregungen zum Gespräch können auf das Märchen folgen, die dazu motivieren, zu erzählen, was das einzelne Kind mit dem Märchen verbindet.

Illustrationen werden, wenn überhaupt, erst nach dem Erzählen gezeigt, denn die Kinder sollen sich selbst ihre eigenen Vorstellungen machen und ihrer Fantasie freien Lauf lassen. Sie können zum Märchen malen und zum Schluss Bilder betrachten, die zeigen, wie sich ein anderer das Märchen vorgestellt hat.

*(vgl. Betz, 6. Aufl. 1988, S. 24 ff.)*

ACHTSAMKEIT

**Das Schlimmste, was Eltern oder Erzieherinnen tun können ist, den Kindern die inneren Bilder wegzunehmen. Dies gilt sowohl für Bilder vom Bedrohlichen wie auch vom Heiteren und Traurigen. Aus diesem Grunde sollte der Einsatz von Medien zum Märchen stets gut überlegt werden.**

*(vgl. Schaufelberger, 1999, S. 60)*

Geben Sie den Kindern Gelegenheit, die bewegenden Bilder, die während des Erzählens entstehen können, nachwirken zu lassen, indem Sie im Anschluss an das Märchen zum Malen einladen.

ACHTSAMKEIT

Achten Sie darauf, dass die Kinder so sitzen, dass sie nicht voneinander abschauen, damit jedes Kind darauf fokussiert ist, wirklich sein (inneres) Bild zu malen.

Nach dem Malen wird den Kindern die Zeit gelassen, die sie brauchen, um ihr Bild vorzustellen. Es wird jedoch niemand gezwungen. Wichtig ist vor allem, dass Sie sich das Bild genau ansehen, zum einen, damit sich das Kind wertgeschätzt fühlt, zum anderen aber auch, um möglicherweise darauf aufmerksam zu werden, wenn sich in dem Bild Hinweise auf aktuelle Probleme des Kindes finden lassen.

*(vgl. Koppehele, 2012, S. 51 f.)*

## 2.2 Welches Märchen passt für welches Alter?

Geeignet für diese Altersstufe sind vor allem Volksmärchen, die meist vollständig erzählt werden dürfen, denn es gibt nichts im Volksmärchen, was Kinder nicht hören dürfen. Kinder hören nur das, was ihrer „Seele bekommt" und sie verlangen so manches Mal geradezu nach grausamen Märchen, die ihnen helfen können, sich mit ihren Ängsten und mit Ungelöstem auseinanderzusetzen.

**Hier einige geeignete Märchen für diese Zielgruppe:**

| MÄRCHENTITEL UND UNGEFÄHRE ERZÄHLZEIT (IN MINUTEN/SEKUNDEN) | MÖGLICHE QUELLE |
|---|---|
| **Das Zicklein, das bis 10 zählen konnte** (ca. 4:00) | **(Märchen aus Schweden)** nach Alf Proysen, Hamburg 1960, Originaltitel: „Killingen som kunde räkna till tio", aus dem Schwedischen von Margot Franke |
| **Der Froschkönig oder der eiserne Heinrich** (ca. 10:15) | **KHM 1** in: Uther, Hans-Jörg (Hrsg.): Brüder Grimm Kinder und Hausmärchen, Erster Band, Märchen Nr. 1–60, 2. Aufl., München, Diedrichs Verlag, 1996, S.7 ff. |
| **Der goldene Schlüssel** (ca. 1:40) | **KHM 200** in: Uther, Hans-Jörg (Hrsg.): Brüder Grimm Kinder und Hausmärchen, Dritter Band, Märchen Nr. 145–200, Kinderlegenden 1–10, 2. Aufl., München, Diedrichs Verlag, 1996, S. 185 f. |
| **Der süße Brei** (ca. 1:50) | **KHM 103** in: Uther, Hans-Jörg (Hrsg.): Brüder Grimm Kinder und Hausmärchen, Zweiter Band, Märchen Nr. 61–144, 2. Aufl., München, Diedrichs Verlag, S. 184 f. |
| **Der Wolf und die sieben jungen Geißlein** (ca. 6:50) | **KHM 5** in: Uther, Hans-Jörg (Hrsg.): Brüder Grimm Kinder und Hausmärchen, Erster Band, Märchen Nr. 1–60, 2. Auflage, München, Diedrichs Verlag, 1996, S. 31 ff. |

| MÄRCHENTITEL UND UNGEFÄHRE ERZÄHLZEIT (IN MINUTEN/SEKUNDEN) | MÖGLICHE QUELLE |
|---|---|
| **Die Bienenkönigin** (ca. 6:00) | **KHM 62**<br>Uther, Hans-Jörg (Hrsg.): Brüder Grimm Kinder und Hausmärchen, Zweiter Band, Märchen Nr. 61–144, 2. Aufl., München, Diedrichs Verlag München, S. 15 ff. |
| **Die drei kleinen Schweinchen** (ca. 6:60) | **(Märchen aus England)**<br>Jacobs, Joseph, Abruf unter www.maerchenstern.de/maerchen/die-drei-kleinen-schweinchen.php [06.07.2020] |
| **Die Büffelkuh und das Fischlein** (ca. 1:30) | **(Märchen aus Siebenbürgen)**<br>**Haltrich, Josef:**<br>Deutsche Volksmärchen aus dem Sachsenlande in Siebenbürgen, Dritte vermehrte Auflage, Verlag von Carl Graeser, Wien 1982, S. 221. |
| **Die drei Böcke Brausewind** (ca. 5:30) | **(Märchen aus Norwegen)**<br>nach: Asbjørnsen, P.C./Moe, J.: *Norwegische Volksmährchen*. Deutsch von Friederich Bresemann. Mit einem Vorworte von Ludwig Tieck. 2 Bände, Berlin: M. Simion, 1847, hier 2. Band, S. 99–101. Bearbeitete Fassung von Rolf Peter Kleinen |
| **Die Sterntaler** (ca. 2:30) | **KHM 153**<br>Uther, Hans-Jörg (Hrsg.): Brüder Grimm Kinder und Hausmärchen, Dritter Band, Märchen Nr. 145–200, Kinderlegenden 1–10, 2. Aufl., München, Diedrichs Verlag, 1996, S. 22 ff. |
| **Warum das Schneeglöckchen nicht erfriert** (ca. 2:30) | in: Arnold, Marlis: 3-Minuten-Märchen aus aller Welt, Köln, Könemann, 2001 |
| **Die Wichtelmänner (Erstes Märchen)** (ca. 4:30) | **KHM 39**<br>Uther, Hans-Jörg (Hrsg.): Brüder Grimm Kinder und Hausmärchen, Erster Band, Märchen Nr. 1–60, 2. Aufl., München, Diedrichs Verlag, 1996, S. 204 ff. |

| MÄRCHENTITEL UND UNGEFÄHRE ERZÄHLZEIT (IN MINUTEN/SEKUNDEN) | MÖGLICHE QUELLE |
|---|---|
| **Dornröschen** (ca. 10:20) | **KHM 50**<br>Uther, Hans-Jörg (Hrsg.): Brüder Grimm Kinder und Hausmärchen, Erster Band, Märchen Nr. 1–60, 2. Aufl., München, Diedrichs Verlag, 1996, S. 249 ff. |
| **Frau Holle** (ca. 8:15) | **KHM 24**<br>Uther, Hans-Jörg (Hrsg.): Brüder Grimm Kinder und Hausmärchen, Erster Band, Märchen Nr. 1–60, 2. Aufl., München, Diedrichs Verlag, 1996, S. 134 ff. |
| **Goldlöckchen und die drei Bären** (ca. 4:05) | **(Märchen aus England)**<br>Barton, Byron aus dem Amerikanischen von Markus Weber, Frankfurt am Main, Moritz Verlag, 1997 |
| **Rotkäppchen** (ca. 9:00) | **KHM 26**<br>Uther, Hans-Jörg (Hrsg.): Brüder Grimm Kinder und Hausmärchen, Erster Band, Märchen Nr. 1–60, 2. Aufl., München, Diedrichs Verlag, 1996, S. 141 ff. |
| **Steinsuppe** (ca. 5:00) | Vaugelade, Anais: Bilderbuch. übersetzt von Tobias Scheffel, Frankfurt am Main, Moritz Verlag, 2000 |

## 2.3 Ein Märchen vorlesen oder frei erzählen – was muss ich beachten?

### Die Betonung der Wörter

Viele Märchen haben eine kleine Einleitung, bevor das eigentliche Abenteuer beginnt. In ihr werden die Märchenfiguren und die Ausgangssituation auf der imaginären Märchenbühne vorgestellt.

*Es waren einmal drei Böcke, die wollten auf eine schöne grüne Wiese gehen und sich fett machen, und alle drei hießen sie Brausewind. Auf dem Weg aber mussten sie über einen* ***Fluss****. Da war auch eine* ***Brücke****. Unter der Brücke aber saß ein großer, garstiger* ***Troll*** *und lauerte auf alle, die hinüber wollten.*

Einleitend werden also die Nomen betont, und zwar so, als würde man während des Erzählens die benannten Figuren, Gebäude und Plätze auf ein bespielbares Tischtheater stellen und legen.

Wenn nun das eigentliche Abenteurer beginnt, sind es insbesondere die Verben, die akzentuiert werden. Diese werden so gesprochen, dass sie das Geschehen „wirklich" geschehen lassen.

*Da* ***meckerte*** *die Alte und machte sich getrost auf den Weg. Es* ***dauerte*** *nicht lange, so* ***klopfte*** *jemand an die Haustür und* ***rief*** *…*

Die Erzählzeit der Märchen ist das Präteritum, die einfache Vergangenheit. Wird das Geschehen noch dramatischer, springt der Erzähler manchmal in das Präsens, in die einfache Gegenwart.

*Auf eine Zeit war das Mädchen* ***ausgegangen****, da sprach die Mutter „Töpfchen, koche", da* ***kocht*** *es, und sie isst sich* ***satt****, nun will sie, dass es wieder* ***aufhören*** *soll, aber sie weiß das* ***Wort*** *nicht. Also* ***kocht*** *es fort, und der Brei* ***steigt*** *über den Rand hinaus und* ***kocht*** *immerzu …*

Ob die Erzählzeit nun das Präteritum oder das Präsens ist: Für ein Miterleben des Märchens im Jetzt werden die Verben so gesprochen, dass das Geschehen jetzt und hier passiert.

Es gibt eine wichtige Regel für das Erzählen und Vorlesen. In einem Sinnschritt trägt nur ein Wort – manchmal ist es ein Adjektiv, selten ein Adverb oder ein Partikel – die Hauptbetonung. Die anderen Wörter nehmen etwas von der Stimmfarbe dieses einen Wortes an.

*Nun war es eine* ***Zeitlang*** *bei der Frau Holle, – da ward es* ***traurig*** *– und wusste anfangs* ***selbst*** *nicht, was ihm fehlte, – endlich merkte es, dass es* ***Heimweh*** *war; – ob es ihm hier gleich viel* ***tausendmal*** *besser ging als zu Hause, – so hatte es doch ein* ***Verlangen*** *dahin.*

## Vokale und *Kon*sonanten

Wir sprechen im Ausatmen, dabei bringen wir die Vokale zum Klingen. Die *Mit*klinger hemmen und unterbrechen den klingenden Ausatemstrom und gestalten so Wörter und Sätze. Die Konsonanten geben dem gesprochenen Wort seine Gestalt. Sie machen ein Wort verständlich. Die Seele und der Gehalt eines Wortes aber liegen in den Vokalen. Die Vokale sind Träger der Emotionen. Die Konsonanten sind sozusagen das Haus, die Vokale sind das Leben darin. Für das

Erzählen und Vorlesen gilt, Gehalt und Gestalt eines Wortes hörbar werden zu lassen, den Vokalen Raum und Zeit zu geben und die Konsonanten gelassen und präzise zu artikulieren.

Weil das Wissen um die Aussprache verloren geht, hier einige Hinweise:

Die Konsonanten *b*, *d* und *g* werden unterschiedlich ausgesprochen, je nachdem, ob sie am Anfang oder am Ende einer Silbe stehen.
Es heißt: halbblind (ausgesprochen: hal*p*-*b*lin*t*), abbrechen (a*p*-*b*rechen), Wilddieb (Wil*t*-*d*ie*p*), Sanddüne (San*t*-*d*üne), und (un*t*), fand (fan*t*), weggehen (we*k*-*g*ehen), Berggipfel (Ber*k*-*g*ipfel), aber: König (Köni*ch*), des Königs (Köni*k*s), Königin (Köni-*g*in), königlich (köni*k*-lich), Königreich (Köni*k*-reich), Süßigkeit (Süßi*ch*-keit), beleidigt (belei-di*ch*t).

## Mit Versprechern gelassen umgehen

Es ist menschlich, dass wir uns im Erzählen und vor allem beim Vorlesen gelegentlich versprechen. Sollte es passieren, hilft es, dennoch in der Geschichte zu bleiben. Zu entscheiden ist, ob man dennoch weiterliest oder die Passage noch einmal spricht.

## Die angemessene Lautstärke beim Erzählen und Vorlesen

Wir sind keine regelbaren Lautsprecher und es ist nicht unsere Aufgabe, einen Raum angemessen mit Stimme zu beschallen. Wir sind Menschen und wir lesen und erzählen für Menschen in einem Raum.

Das lateinische Verb des Wortes *Kommunikation* heißt *communicare*. Einfach übersetzt bedeutet es: *etwas miteinander teilen* und auch: *etwas miteinander teilen*.

Erzählend und vorlesend erleben wir ein Märchen gemeinsam – und jeder Hörer erlebt es für sich. Damit dies tatsächlich geschieht, dafür gibt es einige schöne Sprechtechniken. Mit ihnen finden wir auch die angemessene Sprechlautstärke und Stimmhöhe.

## Einbindend und *unter*haltend erzählen und vorlesen

Um diese Sprechtechniken als Kompetenz zu besitzen, brauchen wir unser Vorstellungsvermögen, ein lockeres Ausprobieren und Üben sowie ein wenig Geduld.

Stellen Sie sich Ihre erzählende Stimme als ein breites Band vor. Dieses Band umfängt alle im Raum befindlichen Personen, also auch die außerhalb des eigenen Blickfeldes.

Die akustische Wirkung eines so vorgestellten Sprechens ist für die Zuhörenden hör- und spürbar. Bewusst oder unbewusst fühlen sich alle Anwesenden gemeint und in eine Hörgemeinschaft eingebunden. Ein einbindendes Sprechen stärkt so den Zusammenhalt unter den Zuhörern.

Dass eine Stimme tragen kann, liebevoll einbettet und wiegt, gehört zu den existentiellsten Erfahrungen unseres Seins. Es begründet ein Urvertrauen in die Welt. Bei Veranstaltungen wird uns manchmal eine *gute Unterhaltung* gewünscht. Das meint keine zeitvertreibende Ablenkung und Zerstreuung, sondern eine Zeit, in der wir loslassen und uns erholen können. Gemeint ist eine Zeit, in der wir *unter*gehalten und getragen werden. Eine Stimme, die so vorliest und erzählt, trägt zum „Lebensunterhalt" bei.

Stellen Sie sich also vor, dass das stimmliche Band alle im Raum einbindet und trägt. Ohne dass Sie sich anstrengen müssen, klingt Ihre Stimme belastbar und fest. Es wird hörbar, dass Sie für die Gemeinschaft Verantwortung tragen und man Ihnen vertrauen kann. Sie können nun mit Ihren kindlichen Zuhörern durch Dick und Dünn und erzählend auf Abenteuerreise gehen.

## Auf „Ohrenhöhe" miteinander sprechen

Es gibt ein sehr schönes Bild für eine gleichberechtigte, einander anerkennende Begegnung: sich auf Augenhöhe begegnen. Das hat nichts mit Körpergröße zu tun. Eine Begegnung auf Augenhöhe ist unabhängig von Alter, Geschlecht, Herkunft und Besitz.

Lesen wir aus einem Buch vor, sind die Augen doch die meiste Zeit an die Buchseiten gebunden. Hier hilft die Vorstellung, dass die Stimme die Ohren der Zuhörenden erreicht. Das Sprechen verändert sich: Eine auf den Boden oder auf das Buch gesenkte und abgedunkelte Stimme wird heller und lebendiger. Eine überhöhte und in der Luft hängende Stimme senkt sich und findet Halt und Gehör. Weil sich Ohren und Augen etwa in gleicher Höhe befinden, begegnen Sie Ihren Hörern zugleich auf Ohren- und auf Augenhöhe.

## 2.4 Vorschläge zur Gestaltung von Märchenstunden

### 2.4.1 Goldlöckchen und die drei Bären

*(nach Byron Barton, USA)*

#### Worum es in diesem Märchen geht

Drei Bären nutzen die Zeit des Abkühlens ihrer Breimahlzeit für einen kleinen Spaziergang. Währenddessen dringt ein kleines Mädchen in ihr Haus ein, probiert den Brei und isst Baby Bärs Brei vollständig auf. Danach benutzt es die Stühle der Bären und achtet nicht auf einen sachgemäßen Umgang, sodass Baby Bärs Stuhl zerbricht. Zum Schluss legt es sich nacheinander in die Betten der Bären und schläft dann in Baby Bärs Bett ein. Als die Bären wieder heimkommen, läuft es in großer Angst davon und wird nicht mehr gesehen.

#### Wie ist die Grundstimmung dieses Märchens? Was gibt es beim Erzählen zu beachten?

Dieses Märchen verlangt einen kindlich unbeschwerten Ton. Sicherlich wird das eine oder andere Kind entsetzt sein, was sich das kleine Mädchen alles herausnimmt, am Ende aber zeigt es sich, dass die Ordnung wiederhergestellt ist. Dieses sollte auch im Erzählton mitschwingen.

#### Welche Bilder lassen sich in diesem Märchen finden?

Es wird eine typische und alltägliche Familiensituation geschildert, wie sie das kleine Kind häufig erlebt. Die Kinder freuen sich über die Familienidylle und sehen mit Entsetzen, wie sich ein aufsässiger Eindringling, ohne zu fragen, etwas nimmt, was ihm nicht gehört. Es ist durchaus möglich, dass ein Kind eine Parallele zu seiner eigenen Geschwisterrivalität entdeckt.

## Welche Wirkung kann das Märchen auf die Kinder ausüben?

Die Kinder können sich mit dem kleinen Bären identifizieren, dem Ordnung wichtig ist, denn das kleine Kind im Alter von drei bis sechs Jahren besitzt eine Empfänglichkeit für Ordnung, die es braucht, um sich in seiner Umwelt zurechtzufinden. Es wird aus dem Erzählten vielleicht mitnehmen: Man muss das Eigentum von anderen respektieren und darf sich nicht einfach Sachen nehmen, die einem nicht gehören.

Märchentext zum Erzählen oder Vorlesen

**Goldlöckchen und die drei Bären**
Es waren einmal drei Bären: Papa Bär, Mama Bär und Baby Bär.

Eines Tages kochte Mama Bär Haferbrei.
Einen großen Teller für Papa Bär.
Einen mittleren Teller für Mama Bär.
Und einen kleinen Teller für Baby Bär.
Der Haferbrei war sehr heiß. Darum gingen die drei Bären erst einmal spazieren.

Da kam ein kleines Mädchen an ihrem Haus vorbei. Es hieß Goldlöckchen.
Goldlöckchen schaute durch das Fenster und sah die drei Teller.
Goldlöckchen hatte Hunger und probierte Papa Bärs Haferbrei. Aber der war zu heiß.
Dann probierte es Mama Bärs Haferbrei. Aber der war zu kalt.
Dann probierte es Baby Bärs Haferbrei. Der war genau richtig.
Es aß und aß, bis es alles aufgegessen hatte.

Dann wollte sich Goldlöckchen hinsetzen. Zuerst schaukelte es in Papa Bärs Schaukelstuhl. Aber der schaukelte zu schnell. Dann setzte es sich in Mama Bärs Schaukelstuhl. Aber der schaukelte zu langsam. Dann setzte es sich in Baby Bärs Schaukelstuhl. Der schaukelte genau richtig. Es schaukelte und schaukelte, bis der kleine Schaukelstuhl zerbrach.

Dann wollte sich Goldlöckchen hinlegen. Zuerst legte es sich in Papa Bärs Bett. Aber das war zu hart. Dann legte es sich in Mama Bärs Bett. Aber das war zu weich. Dann legte es sich in Baby Bärs Bett. Das war genau richtig. Goldlöckchen schlief in Baby Bärs Bett ein.

Bald darauf kamen die Bären nach Hause. Die Bären sahen ihre Teller und Papa Bär sagte: „Jemand hat von meinem Haferbrei gegessen." Dann sagte Mama Bär: „Jemand hat von meinem Haferbrei gegessen." Und Baby Bär sagte: „Von meinem Haferbrei hat auch jemand gegessen und jetzt ist er alle!"

Dann sahen die drei Bären ihre Stühle und Papa Bär sagte: „Jemand hat auf meinem Stuhl gesessen." Dann sagte Mama Bär: „Jemand hat auf meinem Stuhl gesessen." Und Baby Bär sagte: „Auf meinem Stuhl hat auch jemand gesessen und jetzt ist er kaputt!"

Dann sahen die drei Bären ihre Betten und Papa Bär sagte: „Jemand hat in meinem Bett geschlafen." Und Mama Bär sagte: „Jemand hat in meinem Bett geschlafen." Dann schrie Baby Bär: „In meinem Bett hat auch jemand geschlafen. Und liegt immer noch drin!"

Als Goldlöckchen die drei Bären sah, sprang es aus Baby Bärs Bett und rannte davon. Es rannte und rannte so schnell es konnte, weit weg vom Haus der drei Bären. Und die drei Bären sahen Goldlöckchen nie wieder.

Einige Leute sagen, dass es danach ein braves kleines Mädchen geworden sei, aber ich bin da nicht so sicher. Du vielleicht?

*(Erzählfassung von Andrea Wilmes nach Byron Barton (*1930 in Rhode Island): Die drei Bären, übersetzt von Markus Weber, Frankfurt am Main, Moritz Verlag, 1997)*

## Mögliche Gesprächsimpulse zum Märchen

* Was haben die Bären gedacht, als sie nach Hause kamen und gesehen haben, was Goldlöckchen alles angestellt hat?
* Was ist wohl aus Goldlöckchen geworden?

## Spiellied zum Abschluss der Märchenstunde

**Unser kleiner Bär im Zoo (Spiellied)**
Beim Singen des folgenden Liedes werden die entsprechenden Bewegungen durchgeführt

*(siehe auch: www.youtube.com/watch?v=VWRRm2m-hf4)*

### Unser kleiner Bär im Zoo

Unser kleiner Bär im Zoo, der schläft ganz tief und fest.
Schnarcht mal laut, mal leise, nach der Bärenweise,
doch wenn unser Bär erwacht, dann schaut mal, was er macht.
Er hüpft, er hüpft, er hüpft, er hüpft, er hüpft den ganzen Tag.
Er hüpft, er hüpft, er hüpft, er hüpft, er hüpft den ganzen Tag.

*(Lamp/Sumfleth, 2015, S. 114)*

**HINWEIS**

Die Erzieherin gibt eine Bewegung vor und lässt dann die Kinder weitere Bewegungen vorschlagen.

**Anregung:** Dieses Märchen kann auch schon Zweijährigen erzählt werden. Schön ist hierbei der Einsatz eines Kamishibais[3] mit einfach gestalteten Bildern.

Ein kleiner Stoffbär (Babybär) kann zum Märchenerzählen hinführen: „Stellt Euch vor, was Papa und Mama und ich einmal erlebt haben. Frau/Herr ... wird Euch gleich meine Geschichte erzählen."

### 2.4.2 Das Zicklein, das bis „10" zählen konnte

*(nach Alf Proysen, Norwegen)*

#### Worum es in diesem Märchen geht

Ein kleines Zicklein möchte seine Fähigkeit, bis „zehn" zählen zu können, praktisch anwenden, indem es Tiere zählt, die ihm begegnen. Diese vermuten hinter dem „Sich-zählen-lassen" eine Handlung mit unangenehmen Folgen und verweigern sich. Das Zicklein zählt sie dennoch. Es wird von ihnen bis zum Flussufer gejagt, springt auf ein Schiff, die gezählten Tiere hinterher und das Schiff mit den bereits anwesenden vier Tieren, droht zu sinken, weil es „nur 10 Fahrgäste tragen kann". Die verzweifelten Tiere suchen jemandem, der zählen kann, um die Gefahr einschätzen zu können. In dieser Notsituation wendet das Zicklein auf Wunsch der anderen Tiere seine Fähigkeit an. Es wird festgestellt, dass das Schiff nicht sinken kann, weil sich nur 10 Tiere darauf befinden und schließlich wird das Zicklein von den erleichterten Tieren gefeiert.

#### Wie ist die Grundstimmung dieses Märchens? Was gibt es beim Erzählen zu beachten?

Für dieses Märchen eignet sich ein naiv-heiterer Ton. Das Heitere darf durch freudige Erregung am Ende mit einer Art Schlussfanfare noch gesteigert werden, sodass sich das Kind gut vorstellen kann, wie wertgeschätzt sich das Zicklein am Ende fühlen kann.

---

*3 Das Kamishibai ist ein tragbares Tischtheater. Ursprünglich stammt es aus Japan. Zu gezeigten Papierbildern werden Geschichten bzw. Märchen erzählt.*

## Welche Bilder lassen sich in diesem Märchen finden?

Tiere mit menschlichen Eigenschaften begegnen uns in diesem Märchen. Sich die Tiere vorzustellen, nachzuvollziehen, wie sie sich verhalten, was sie ausmacht, hilft, den Tieren „seine Stimme zu leihen“:

* **Das Zicklein** ist neugierig und will die Welt entdecken.
* **Kuh und Kälbchen** stehen sich sehr nah. Die Kuh erkennt ihr Kälbchen nach drei Tagen an der Stimme und kann es am Geruch erkennen. Wenn es also nach seiner Mutter ruft, kommt diese gleich besorgt angelaufen.
* **Der Ochse** ist sehr kräftig, aber meist auch recht zahm. Eigentlich kann ihn so leicht nichts aus der Ruhe bringen, aber wenn, dann wird er auch schon einmal so richtig zornig wie sein Verwandter, „der Stier“.
* Es wird gesagt, dass **Pferde** einen aufgeschlossenen, fröhlichen Charakter haben. So hört unser Pferd geduldig zu, was ihm erzählt wird und schließt sich der Gruppe an.
* **Schweine** sind recht soziale Tiere und wenn sie grunzen, dann möchten sie etwas sagen, und das Schwein im Märchen möchte natürlich auch mitreden.
* **Der Hahn** ist meist der Führer einer Hühnergruppe. Er ist verantwortlich für die Gruppe und besorgt um ihr Wohlergehen, wenn er keine Lösung für ein auftretendes Problem wie dieses findet.

## Welche Wirkung kann das Märchen auf die Kinder ausüben?

Die Kinder werden sich wahrscheinlich mit dem kleinen Zicklein identifizieren und das Zicklein verstehen können, das ein wenig verzweifelt, weil niemand verstehen will, welche Fähigkeiten in ihm stecken. Indirekt werden sie vielleicht auch bemerken, dass jeder lediglich den mitschwingenden Ton des vorherigen aufnimmt, ohne die Gesamtsituation in den Blick zu nehmen. Umso größer ist dann am Ende die Freude darüber, dass das Zicklein mit seinen neu erworbenen Fähigkeiten gebührend gefeiert wird.

Märchentext zum Erzählen oder Vorlesen

**Das Zicklein, das bis „10" zählen konnte**
(nach Alf Proysen)
Es war einmal ein kleines Zicklein, das hatte gelernt, bis zehn zu zählen. Als es nun an eine Pfütze kam, blieb es stehen und betrachtete lange sein Spiegelbild im Wasser, und nun sollst du erfahren, was dann geschah.

Das Zicklein sagt: „Eins!"
Neugierig fragt das Kälbchen: „Was machst du da?" –
„Ich zähle mich", sagt das Zicklein.
„Soll ich dich auch zählen?" –
„Oh nein!", ruft das Kälbchen, „das tut sicher weh."
Doch schnell zählt das Zicklein: „Ich bin eins, und du, Kälbchen, bist zwei – 1, 2."

Da blökt das Kälbchen: „Muu...-tter."
Die Kuh kommt angelaufen und fragt: „Was hat das Zicklein getan?"
Das Zicklein sagt: „Ich zähle nur, und das geht so: Ich bin eins, das Kälbchen ist zwei, und du bist drei – 1, 2, 3."
Da wird die Kuh ganz böse. Mit dem Kälbchen rennt sie hinter dem Zicklein her.
Sie kommen zum Ochsen. Der brummt: „Was hat das Zicklein getan?"
Das Zicklein ruft: „Ich zähle doch nur, und das geht so: Ich bin eins, das Kälbchen ist zwei, die Kuh ist drei, und du bist vier – 1, 2, 3, 4."
Da wird der Ochse zornig, und auch er läuft hinter dem Zicklein her.

Sie kommen zum Pferd. Das Pferd fragt: „Was hat das Zicklein getan?"
Das Zicklein ruft wieder: „Ich zähle doch nur, und das geht so: Ich bin eins, das Kälbchen ist zwei, die Kuh ist drei, der Ochse ist vier, und du bist fünf – 1, 2, 3, 4, 5."
Da rennt auch das Pferd hinter dem Zicklein her.

Sie kommen zum Schwein. Und das Schwein, das grunzt: „Was hat das Zicklein denn getan?" Aber das Zicklein ruft verzweifelt: „Ich zähle doch nur! Und das geht so: Ich bin eins, das Kälbchen ist zwei, die Kuh ist drei, der Ochse ist vier, das Pferd ist fünf, und du Schwein bist sechs – 1, 2, 3, 4, 5, 6."
Wütend rast nun auch das Schwein dem Zicklein nach.

Da kommen sie an einen Fluss und am Ufer da liegt ein Schiff. Auf dem Schiff sind schon vier Tiere: der Hahn, der Hund, die Katze und das Schaf.

Schnell springt das Zicklein auf das Schiff. Da springen alle Tiere dem Zicklein hinterher.
Da gibt es plötzlich einen festen Ruck und die Kette reißt ab.
Das Schiff schwimmt mitten auf den Fluss hinaus.
Alle auf dem Schiff haben Angst.

Der Hahn kräht laut: „Hilfe, wir sinken! Das Schiff kann doch nur zehn Fahrgäste tragen. Ist denn niemand da, der zählen kann?" –
Vorsichtig meldet sich das Zicklein: „Ich kann zählen!"
Da rufen alle Tiere: „Bitte Zicklein, zähle uns schnell."

... und da zählt das Zicklein wieder: „Ich bin eins, das Kälbchen ist zwei, die Kuh ist drei, der Ochse ist vier, das Pferd ist fünf, das Schwein ist sechs, der Hahn ist sieben, der Hund ist acht, die Katze ist neun, und das Schaf ist zehn – 1, 2, 3, 4, 5, 6, 7, 8, 9, 10!"
„Dann kann das Schiff überhaupt nicht untergehen", sagt der Hahn. Da sind alle Tiere froh und rufen: „Das Zicklein soll hochleben! Dreimal hoch: hoch – hoch – hoch!"

*(Erzählfassung von Andrea Wilmes, nach: Alf Proysen: Das Zicklein, das bis zehn zählen konnte, Hamburg, Verlag Friedrich Oetinger, 1960)*

## Mögliche Gesprächsimpulse zum Märchen

* Was kann das Zicklein, was die anderen Tiere nicht können? *(Könnt ihr auch schon zählen? Lasst es uns einmal ausprobieren!)*
* Wieso sind die Tiere am Anfang böse auf das Zicklein, das doch nur zählen möchte?
* Was hat das Zicklein getan, sodass die anderen Tiere es am Ende hochleben lassen?

## Spiel zum Abschluss der Märchenstunde

„Welches Tier fehlt?“ (Wahrnehmungsspiel)
**Alter der Mitspieler:** ab 3 Jahren

**Material:** 10 Tierfiguren, die in dem Märchen genannt werden

Die Erzieherin stellt die 10 Tierfiguren in die Mitte. Die Kinder sehen sie sich einige Minuten an. Dann bittet sie ein Kind, die Augen zu schließen. Sie nimmt ein Tier weg, das dann erraten werden muss.

### 2.4.3 Steinsuppe

*(Anais Vaugelade, Frankreich)*

## Worum es in diesem Märchen geht

Ein alter Wolf besucht eine Henne, um bei ihr „Steinsuppe“ zu kochen. Verschiedene Tiere, die in der Nähe wohnen, sorgen sich um die Henne und kommen hinzu. Jedes von ihnen hat einen Vorschlag zur Verfeinerung der Suppe, und nach und nach entsteht eine gehaltvolle Gemüsesuppe, zu der jeder etwas beigetragen hat. Zum Schluss wird in gemütlicher Runde zusammen gegessen.

Thema dieses Märchens ist das angemessene Misstrauen gegenüber dem vermeintlich Bösen, das auch dem Selbstschutz dienen kann.

## Wie ist die Grundstimmung dieses Märchens? Was gibt es beim Erzählen zu beachten?

Das Märchen sollte in einem ernst-heiteren Grundton erzählt werden. Ernst deshalb, weil bei allem heiteren Infragestellen des Bösen die Sorge darum, ob die gute Stimmung nicht jeden Moment umschlagen kann, deutlich zu spüren ist durch die Worte und Blicke der Tiere, die den Wolf nicht aus den Augen lassen.

## Welche Bilder lassen sich in diesem Märchen finden?

In diesem Märchen begegnen uns Tiere mit menschlichen Eigenschaften, denen wir „unsere Stimme leihen“, insbesondere sehen wir: den alternden, etwas listigen Bösewicht; die gutmütige, neugierige Henne; das naive Schwein und die prahlende Ente.

## Welche Wirkung kann das Märchen auf die Kinder ausüben?

Die Kinder können sich wahrscheinlich gut in die Lage der Tiere versetzen, die dem vermeintlich Bösen (Wolf) mit Vorsicht begegnen. Sie können auch erfahren, wie bereichernd es sein kann, wenn jeder seinen Teil zum Gelingen eines gemeinsamen Zieles beiträgt.

**Märchentext zum Erzählen oder Vorlesen**

**Steinsuppe**
Es ist Nacht. Es herrscht Winter. Ein alter Wolf nähert sich dem Dorf der Tiere. Im ersten Haus wohnt die Henne. Der Wolf klopft an die Tür, poch, poch, poch.

„Wer da?“, fragt die Henne.
Der Wolf antwortet: „Der Wolf.“ Die Henne erschrickt: „Der Wolf?“
„Hab keine Angst, Henne: Ich bin alt und habe nur noch einen Zahn. Lass mich herein, damit ich mich an deinem Kamin aufwärmen und mir eine Steinsuppe kochen kann.“

Die Henne zögert. Sie hat immer noch ein bisschen Angst, aber sie ist neugierig: Sie hat den Wolf noch nie mit eigenen Augen gesehen, sie kennt ihn nur aus Geschichten. Und außerdem würde sie gerne die Steinsuppe probieren. Also öffnet sie die Tür.

Der Wolf tritt ein, seufzt und bittet: „Bring mir einen Kessel, Henne.“
„Einen Kessel?“, ruft die Henne erschrocken.
„Hör zu, Henne, um Steinsuppe zu machen, braucht man nun einmal einen Kessel.“

„Das wusste ich nicht“, gesteht die Henne. „Ich habe noch nie welche probiert.“
Und so sagt ihr der Wolf das Rezept: „In einen Kessel gibt man einen großen Stein, tut Wasser hinein und wartet, bis es kocht.“ „Ist das alles?“, fragt die Henne.
„Ja, das ist alles.“
„Also, ich tue ja in meine Suppen immer ein bisschen Sellerie“,
sagt die Henne. „Das kann man, das gibt einen gewissen Geschmack,“ sagt der Wolf. Und er holt einen dicken Stein aus dem Sack.

Das Schwein aber hat gesehen, wie der Wolf in das Haus der Henne gegangen ist. Es macht sich Sorgen und klopft an die Tür, poch, poch, poch.
„Alles in Ordnung?“
„Komm rein, Schwein! Der Wolf und ich kochen gerade Steinsuppe.“
Das Schwein wundert sich: „Steinsuppe? Nur mit Stein?“ „Natürlich“, erklärt die Henne. „Aber man kann Sellerie hineintun, das gibt einen gewissen Geschmack.“
Das Schwein fragt, ob man auch Zucchini dazutun kann. „Ja, kann man“, antwortet der Wolf.
Daraufhin läuft das Schwein nach Hause und kommt mit Zucchini zurück. Aber auch die Ente und das Pferd haben gesehen, wie der Wolf in das Haus der Henne gegangen ist. Sie machen sich Sorgen und klopfen an die

Tür, poch, poch, poch.
„Kommt rein“, sagt die Henne. „Der Wolf, das Schwein und ich kochen gerade Steinsuppe.“
Und das Schwein fügt hinzu: „Mit ein bisschen Sellerie und Zucchini.“
Die Ente, die schon viel gereist ist, behauptet, dass sie in Ägypten einmal Steinsuppe gegessen habe, und zwar mit Lauch. Sie erinnere sich deswegen so gut daran, weil sie Lauch in der Suppe am liebsten habe.
Die Henne fragt den Wolf: „Geht das? Steinsuppe mit Lauch?“ „Das geht.“
Daraufhin laufen die Ente und das Pferd nach Hause und kommen mit Lauch zurück.

Aber auch das Schaf, die Ziege und der Hund machen sich Sorgen, weil sie gesehen haben, wie der Wolf in das Haus der Henne gegangen ist. Sie brauchen nicht anzuklopfen, denn die Tür steht sperrangelweit offen.
Sie fragen: „Was macht ihr denn da?“
„Der Wolf, das Schwein, die Ente, das Pferd und ich kochen Steinsuppe“, sagt die Henne.
Man kann sich vorstellen, wie es weitergeht: Der eine will noch Rüben, der nächste Kohl. Dann läuft jeder nach Hause und kommt mit Gemüse zurück, Gemüse für jeden Geschmack.

Dann setzen sich alle im Halbkreis um den Kamin. Sie erzählen einander Witze und unterhalten sich.
Die Henne ruft: „Wie schön, wenn alle so zusammensitzen.
Solche gemeinsamen Abendessen sollten wir öfter machen.“
„Zuerst dachte ich ja, es gäbe Hühnersuppe“, sagt das Schwein.
Die Ente bittet den Wolf, ein paar dieser schrecklichen Wolfsgeschichten zu erzählen, um zu hören, wie er darüber denkt. Aber das Wasser im Kessel kocht bereits und der Wolf taucht schon den Schöpflöffel hinein.
„Ich glaube, die Suppe ist fertig“, sagt er.
Der Wolf teilt allen Tieren Suppe aus. Das Abendessen zieht sich sehr lange hin, jeder nimmt sich noch dreimal nach.

Schließlich zieht der Wolf ein spitzes Messer aus seinem Sack ... und sticht in den Stein.
„Ah, noch nicht ganz durch“, sagt er. „Wenn ihr erlaubt, nehme ich ihn für mein Abendessen morgen wieder mit.“
Die Henne fragt: „Brechen Sie etwa schon auf?“
„Ja“, antwortet der Wolf. „Aber ich danke für diesen schönen Abend.“
„Kommen Sie bald wieder?“, fragt die Ente.
Der Wolf antwortet nicht. Aber wahrscheinlich ist er nicht wiedergekommen.

*(Vaugelade, Anais: Steinsuppe. Aus dem Französischen von Tobias Scheffel, Frankfurt am Main, Moritz Verlag, 2000)*

## Mögliche Gesprächsimpulse zum Märchen

* Warum schauen die verschiedenen Tiere nach, was im Haus der Henne geschieht?
* Wodurch wird der gemeinsame Abend zu einem schönen Erlebnis für alle?
* Habt ihr schon einmal Ähnliches erlebt?

## Abschluss der Märchenstunde

Jedes Kind wird aufgefordert, Gemüse seiner Wahl zum Kochen einer „Steinsuppe“ zu nennen und an einem festgelegten „Suppentag“ mitzubringen.

## 2.4.4 Der Wolf und die sieben jungen Geißlein

*(Brüder Grimm, KHM 5)*

## Worum es in diesem Märchen geht

Die Mutter (alte Geiß) muss in den Wald hinausgehen, um Futter für die Familie herbeizuschaffen. Sie ermahnt zuvor ihre sieben Kinder (die jungen Geißlein), niemandem Einlass zu gewähren. Insbesondere warnt sie vor dem Wolf.

Kaum, dass sie fort ist, steht der Wolf vor der Tür und bittet um Einlass. Er behauptet, er sei die Mutter.

Zweimal erkennen ihn die Geißlein; einmal an seiner rauen Stimme, dann an seiner schwarzen Pfote. Beim dritten Male jedoch ist er vollständig getarnt. Die arglosen Geißlein öffnen die Tür und versuchen, sich vor ihm zu verstecken. Er jedoch spürt sie in ihren Verstecken auf und verschlingt sie. Nur das siebente Geißlein, das sich im Uhrkasten versteckt hat, bleibt unentdeckt.

Als bald darauf die alte Geiß heimkehrt, berichtet das Geißlein von dem, was sich zugetragen hat. Beide gehen nach draußen auf die Wiese, finden den Wolf schnarchend unter einem Baum und die Mutter bemerkt, dass sich in seinem vollgefressenen Bauch etwas bewegt. Sie schneidet ihm den Bauch auf und ihre verloren geglaubten Kinder springen unversehrt aus dem Bauch des Wolfes heraus. Die Mutter lässt alle Geißlein Steine holen und in den Bauch des Wolfes stopfen. Dann näht sie ihn wieder zu und als der Wolf erwacht, verspürt er einen großen Durst. Daraufhin schleppt sich zu einem Brunnen, stürzt hinein und ertrinkt.

Thema dieses Märchens ist das enge Verbundensein mit der Bezugsperson und die Angst vor zeitweiliger Trennung von ihr, dargestellt durch den verschlingenden Wolf. Die Wiedervereinigung in der symbolischen „zweiten Geburt" kann bei Trennungsschwierigkeiten trostspendende Wirkung haben.

*(vgl. Diergarten/Smeets, 1996, S. 189)*

## Wie ist die Grundstimmung dieses Märchens? Was gibt es beim Erzählen zu beachten?

Schon der erste Satz des Märchens „[...] *und hatte sie lieb, wie eine Mutter ihre Kinder lieb hat*" hilft, den richtigen Grundton des Erzählens zu finden. Man darf vertrauen, was immer auch geschehen mag, sich geborgen fühlen.

Das Märchen sollte sachlich erzählt werden und gleichzeitig den Kindern ein Geborgenheitsgefühl beim Erzählen vermitteln, sodass sie innerlich spüren können: „Ja, so lieb hat mich meine Mama auch und meine Mama kommt auch immer wieder zurück und lässt mich nicht allein."

## Welche Bilder lassen sich in diesem Märchen finden?

Hauptsächlich werden die Kinder in diesem Märchen den Bildern „Geiß" und „Wolf" begegnen. Es ist sicherlich gut, wenn die Kinder diese Tiere zuvor einmal gesehen und sich vor dem Erzählen oder Vorlesen in ihrer Fantasie mit ihnen beschäftigt haben. Beispielsweise bietet sich hier ein Zoobesuch mit anschließendem Rollenspiel an.

## Welche Wirkung kann das Märchen auf die Kinder ausüben?

Die Kinder werden sich wahrscheinlich sofort mit den Geißlein identifizieren, die wie sie selbst neugierig sind und die Welt entdecken wollen.

Sie werden konfrontiert mit dem Kampf zweier entgegengesetzter Mächte, der verschlingenden Angst und einflößenden Macht auf der einen Seite (Wolf) und der Leben gebenden auf der anderen (alte Geiß). Sie erfahren hier, wie in jedem Märchen, dass Leben gelingen kann, dass sie selbst im Bauch des Bösen auf Rettung hoffen dürfen.

Sie selbst sind in ihrem Leben häufig dem Verschlingenden, Bedrohenden ausgesetzt. Als Beispiele seien Situationen genannt, wenn Bezugspersonen wütend werden und die Kinder sich ungerecht behandelt fühlen oder wenn sie beispielsweise in der dunklen Nacht alleine sind.

So erleben sie auch das „Bauchaufschneiden“ nicht als grausam, sondern atmen erlöst gerade an dieser Stelle auf.

*(vgl. Betz, 6. Aufl., 1988, S. 66)*

Eine wichtige lebensorientierende Botschaft des Märchens lautet „Angst beherrschen lernen, also dem Wolf begegnen, ist überlebenswichtig“, denn nur, wenn ich der Angst ins Auge sehe, kann ich mit ihr fertig werden.

*(vgl. Knoch, 2013, S. 52)*

Märchentext zum Erzählen oder Vorlesen

**Der Wolf und die sieben jungen Geißlein**
Es war einmal eine alte Geiß, die hatte sieben junge Geißlein, und hatte sie lieb, wie eine Mutter ihre Kinder lieb hat. Eines Tages wollte sie in den Wald gehen und Futter holen, da rief sie alle sieben herbei und sprach: „Liebe Kinder, ich will hinaus in den Wald, seid auf eurer Hut vor dem Wolf, wenn er hereinkommt, so frisst er euch alle mit Haut und Haar. Der Bösewicht verstellt sich oft, aber an seiner rauhen Stimme und an seinen schwarzen Füßen werdet ihr ihn gleich erkennen." Die Geißlein sagten „liebe Mutter, wir wollen uns schon in acht nehmen, Ihr könnt ohne Sorge fortgehen." Da meckerte die Alte und machte sich getrost auf den Weg.

Es dauerte nicht lange, so klopfte jemand an die Haustür und rief: „Macht auf, ihr lieben Kinder, eure Mutter ist da und hat jedem von euch etwas mitgebracht." Aber die Geißerchen hörten an der rauhen Stimme, daß es der Wolf war. „Wir machen nicht auf", riefen sie, „du bist unsere Mutter nicht, die hat eine feine und liebliche Stimme, aber deine Stimme ist rauh; du bist der Wolf."
Da ging der Wolf fort zu einem Krämer und kaufte sich ein großes Stück Kreide: die aß er und machte damit seine Stimme fein.

Dann kam er zurück, klopfte an die Haustür und rief: „Macht auf, ihr lieben Kinder, eure Mutter ist da und hat jedem von euch etwas mitgebracht." Aber der Wolf hatte seine schwarze Pfote in das Fenster gelegt, das sahen die Kinder und riefen: „Wir machen nicht auf, unsere Mutter hat keinen schwarzen Fuß wie du: du bist der Wolf."
Da lief der Wolf zu einem Bäcker und sprach: „Ich habe mich an den Fuß gestoßen, streich mir Teig darüber." Und als ihm der Bäcker die Pfote bestrichen hatte, so lief er zum Müller und sprach: „Streu mir weißes Mehl auf meine Pfote." Der Müller dachte: „Der Wolf will einen betrügen," und weigerte sich, aber der Wolf sprach: „Wenn du es nicht tust, so fresse ich dich." Da fürchtete sich der Müller und machte ihm die Pfote weiß. Ja, das sind die Menschen.
Nun ging der Bösewicht zum drittenmal zu der Haustüre, klopfte an und sprach: „Macht mir auf, Kinder, euer liebes Mütterchen ist heimgekommen und hat jedem von euch etwas aus dem Walde mitgebracht." Die Geißerchen riefen: „Zeig uns erst deine Pfote, damit wir wissen, dass du unser liebes Mütterchen bist."
Da legte er die Pfote ins Fenster, und als sie sahen, daß sie weiß war, so glaubten sie, es wäre alles wahr, was er sagte, und machten die Türe auf. Wer aber hereinkam, das war der Wolf. Sie erschraken und wollten sich verstecken. Das eine sprang unter den Tisch, das zweite ins Bett, das dritte in den Ofen, das vierte in die Küche, das fünfte in den Schrank, das sechste unter die Waschschüssel, das siebente in den Kasten der

Wanduhr. Aber der Wolf fand sie alle und machte nicht langes Federlesen: eins nach dem andern schluckte er in seinen Rachen; nur das jüngste in dem Uhrkasten, das fand er nicht. Als der Wolf seine Lust gebüßt hatte, trollte er sich fort, legte sich draußen auf der grünen Wiese unter einen Baum und fing an zu schlafen.
Nicht lange danach kam die alte Geiß aus dem Walde wieder heim. Ach, was mußte sie da erblicken!
Die Haustüre stand sperrweit auf: Tisch, Stühle und Bänke waren umgeworfen, die Waschschüssel lag in Scherben, Decke und Kissen waren aus dem Bett gezogen. Sie suchte ihre Kinder, aber nirgends waren sie zu finden. Sie rief sie nacheinander bei Namen, aber niemand antwortete. Endlich, als sie an das jüngste kam, da rief eine feine Stimme : „Liebe Mutter, ich stecke im Uhrkasten."
Sie holte es heraus, und es erzählte ihr, daß der Wolf gekommen wäre und die andern alle gefressen hätte. Da könnt ihr denken, wie sie über ihre armen Kinder geweint hat.

Endlich ging sie in ihrem Jammer hinaus, und das jüngste Geißlein lief mit. Als sie auf die Wiese kam, so lag da der Wolf an dem Baum und schnarchte, daß die Äste zitterten. Sie betrachtete ihn von allen Seiten und sah, daß in seinem angefüllten Bauch sich etwas regte und zappelte. „Ach Gott", dachte sie, „sollten meine armen Kinder, die er zum Abendbrot hinuntergewürgt hat, noch am Leben sein?" Da mußte das Geißlein nach Haus laufen und Schere, Nadel und Zwirn holen. Dann schnitt sie dem Ungetüm den Wanst auf, und kaum hatte sie einen Schnitt getan, so streckte schon ein Geißlein den Kopf heraus, und als sie weiter schnitt so sprangen nacheinander alle sechse heraus, und waren noch alle am Leben, und hatten nicht einmal Schaden gelitten, denn das Ungetüm hatte sie in der Gier ganz hinuntergeschluckt.
Das war eine Freude! Da herzten sie ihre liebe Mutter und hüpften wie ein Schneider, der Hochzeit hält. Die Alte aber sagte: „Jetzt geht und sucht Wackersteine, damit wollen wir dem gottlosen Tier den Bauch füllen, solange es noch im Schlafe liegt." Da schleppten die sieben Geißerchen in aller Eile die Steine herbei und steckten sie ihm in den Bauch, so viel sie hineinbringen konnten. Dann nähte ihn die Alte in aller Geschwindigkeit wieder zu, daß er nichts merkte und sich nicht einmal regte.
Als der Wolf endlich ausgeschlafen hatte, machte er sich auf die Beine, und weil ihm die Steine im Magen so großen Durst erregten, so wollte er zu einem Brunnen gehen und trinken. Als er aber anfing zu gehen und sich hin und her zu bewegen, so stießen die Steine in seinem Bauch aneinander und rappelten.
Da rief er:

„Was rumpelt und pumpelt
in meinem Bauch herum?

ich meinte, es wären sechs Geißlein,
so sind's lauter Wackerstein."

Und als er an den Brunnen kam und sich über das Wasser bückte und trinken wollte, da zogen ihn die schweren Steine hinein und er mußte jämmerlich ersaufen. Als die sieben Geißlein das sahen, da kamen sie herbeigelaufen, riefen laut „Der Wolf ist tot! Der Wolf ist tot!" und tanzten mit ihrer Mutter vor Freude um den Brunnen herum.[4]

*(Uther, Hans-Jörg (Hrsg.): Brüder Grimm Kinder und Hausmärchen, Erster Band, Märchen Nr. 1–60, 2. Aufl., München, Diedrichs Verlag, 1996, S. 31 ff.)*

4 *Alle in diesem Buch aufgeführten Kinder- und Hausmärchen der Brüder Grimm wurden in der textkritisch revidierten Fassung (Hans-Jörg Uther 1996) nach der Großen Ausgabe von 1857 in der Orthografie und Zeichensetzung unverändert übernommen.*

## Mögliche Gesprächsimpulse zum Märchen

* Wie hat der Wolf es geschafft, dass ihm die Kinder beim dritten Mal die Tür geöffnet haben?
* Was hat Mutter Geiß wohl gedacht, als sie nach Hause kam?
* Was haben Mutter Geiß und ihre Kinder gemacht, damit der Wolf ihnen nichts mehr antun kann?

## Mögliche Spiele zum Ende der Märchenstunde

### Wer hat Angst vor dem bösen Wolf? (Wahrnehmungsspiel/Suchspiel)

**Alter der Mitspieler:** ab 3 Jahren

**Anzahl der Mitspieler:** ab 5

**Spieldauer:** je nach Anzahl der Mitspieler ca. 5 Minuten

**Material:** –

In einem möglichst großen Raum (z. B. Turnhalle) stehen sich der „Wolf" (ein Kind) und die „Geißlein" (alle übrigen Mitspieler) gegenüber und führen folgenden Dialog:

*Wolf:* *„Wer hat Angst vor dem bösen Wolf?"*
*Geißlein:* *„Niemand!"*
*Wolf:* *„Wenn er aber kommt?"*
*Geißlein:* *„Dann laufen wir!"*

Alle versuchen, die gegenüberliegende Seite zu erreichen, während der Wolf einen Spieler fangen muss. Gelingt es ihm, wird der Gefangene zum Helfer und beide versuchen, in der nächsten Runde weitere Geißlein zu fangen. Die Runde ist beendet, wenn nur noch ein Geißlein übrig ist, das dann zum bösen Wolf wird.

### Wo ist das Geißlein? (Wahrnehmungsspiel/Suchspiel)

**Alter der Mitspieler:** ab 3 Jahren

**Anzahl der Mitspieler:** ab 5

**Spieldauer:** ca. 5 Minuten

**Material:** Stoffziege o. Ä.

Die Kinder verlassen den Raum. Die Spielleitung versteckt währenddessen ein Stofftier. Die Kinder kommen wieder herein, suchen danach, ohne zu sprechen. Hat ein Kind das „Geißlein" gefunden, setzt es sich, ohne sich etwas anmerken zu lassen. Der letzte Finder versteckt dann das Geißlein in der nächsten Runde.

*(vgl. vom Wege/Wessel, 3. Aufl., 2014, S. 48)*

## 2.4.5 Die drei kleinen Schweinchen

*(nach Joseph Jacobs, England)*

### Worum es in diesem Märchen geht

Drei kleine Schweinchen leben zusammen mit ihrer Mutter in einem Haus. Als sie zu groß geworden sind, baut sich jedes Schweinchen sein eigenes Haus, um darin zu wohnen. Das erste baut sich ein Haus aus Stroh, das zweite eins aus Holz und das dritte ein Steinhaus. Nach und nach werden sie vom Wolf aufgesucht, der sie bedroht und versucht, ihre jeweiligen Häuser umzupusten. Dies gelingt ihm beim Stroh- und Holzhaus, beim Steinhaus hat er damit keinen Erfolg. Deshalb versucht er, durch den Kamin ins Haus einzudringen. Die drei Schweinchen, die sich nun alle zusammen in diesem Haus befinden, hängen einen Topf mit heißem Wasser in den Kamin, der Wolf fällt hinein und ist besiegt.

Dieses Märchen thematisiert, dass vorausschauende Sorgfalt und gründliches Arbeiten sich auszahlen, während Nachlässigkeit und Oberflächlichkeit zu Problemen führen können. Bettelheim schreibt zu dem Märchen, dass es die Entscheidung darüber behandelt, ob man im Leben dem Lustprinzip oder dem Realitätsprinzip folgen will

*(vgl. Bettelheim, 30. Aufl. 2011, S. 51).*

### Wie ist die Grundstimmung dieses Märchens? Was gibt es beim Erzählen zu beachten?

In dieser Erzählversion handeln die ersten beiden Schweinchen nicht sehr umsichtig, haben aber „noch die Hintertür im Blick“, sodass sie nicht gefressen werden. Aus diesem Grunde darf leicht und heiter erzählt werden, und es muss durchklingen, dass die drei unverwundbar sind, egal, was der Wolf sich noch einfallen lässt.

### Welche Bilder lassen sich in diesem Märchen finden?

Die drei Häuser stehen nach Bettelheim für die Entwicklung des Menschen in der Geschichte (Strohhaus – Holzhaus – Steinhaus).

Das Handeln der Schweinchen zeigt seiner Ansicht nach anschaulich, wie sich aus einem triebgesteuerten Wesen, das nur dem Lustprinzip folgt, eine Persönlichkeit entwickelt, die sich dem Realitätsprinzip entsprechend verhält. Erst so ist jemand laut Bettelheim in der Lage, mögliche zukünftige Geschehnisse vorauszusehen und imstande, sich dementsprechend umsichtig zu verhalten .

*(vgl. Bettelheim, 30. Aufl. 2011, S. 52)*

## Welche Wirkung kann das Märchen auf die Kinder ausüben? Was nehmen sie davon mit?

Die Kinder können sich nach und nach mit allen drei Schweinchen identifizieren und werden mitfiebern, ob es ihnen gelingt, dem Wolf zu entkommen. Auf charmante Weise erfahren sie, dass umsichtiges und vorausschauendes Verhalten wie auch der Aufschub von sofortiger Bedürfnisbefriedigung hilfreich sein kann.

Der Psychoanalytiker Bruno Bettelheim sagt hierzu:

*„Nur das dritte und älteste Schweinchen hat gelernt, sich dem Realitätsprinzip entsprechend zu verhalten. Es ist imstande, den Spielwunsch hinauszuschieben, mögliche Geschehnisse der Zukunft vorherzusehen und entsprechend zu handeln. Sogar das Verhalten des Wolfes – des Feindes oder Fremden in uns, der uns verführen und in die Falle locken will – vermag es richtig vorauszusagen, und deshalb ist es imstande, selbst Mächte, die stärker und unbändiger sind als es selbst, zu besiegen."*

*(Bettelheim, 30. Aufl. 2011, S. 52)*

## Märchentext zum Erzählen oder Vorlesen

**Die drei kleinen Schweinchen**
Es war einmal eine alte Schweinemutter, die hatte drei kleine Schweinchen, die aßen und aßen, soviel sie nur konnten. Und als sie so groß waren, dass sie in dem Haus, in dem sie wohnten, keinen Platz mehr finden konnten, sagte die Mutter zu ihnen: „Ihr könnt jetzt nicht mehr bei mir bleiben, jedes muss ein Haus für sich selber haben." Und sie schickte sie in die weite Welt hinaus.

Das erste Schweinchen begegnet einem Mann mit einem Bund Stroh. Es sagt zu ihm: „Bitte, lieber Mann, gib mir das Stroh, ich will mir ein Haus daraus bauen." Da sagt der Mann: „Gib mir erst von deinen Borsten, ich will mir eine Bürste daraus machen." Nun gibt ihm das Schweinchen von seinen Borsten, der Mann gibt ihm das Stroh und hilft ihm das Haus aufzubauen. Vorne hat das Haus eine große Tür und hinten eine kleine Tür. Dann schaut das Schweinchen sein Strohhaus an und singt: „Ich hab ein schönes Haus von Stroh, ich bin so sicher und so froh. Und kommt der böse Wolf vorbei, dann lache ich, hihi, heihei."

Das zweite Schweinchen begegnet einem Mann mit einem Bund Holz. Es sagt zu ihm: „Bitte, lieber Mann, gib mir das Holz, ich will mir ein Haus daraus bauen." Der Mann aber sagt: „Gib mir erst von deinen Borsten, ich will mir eine Bürste daraus machen." Nun gibt ihm das Schweinchen von seinen Borsten, der Mann gibt ihm das Holz und hilft ihm das Haus aufbauen. Vorne hat das Haus eine große Tür und hinten eine kleine Tür. Dann schaut das Schweinchen sein Holzhaus an und singt: „Ich hab ein schönes Haus aus Holz, ich bin so sicher und so stolz. Und kommt der böse Wolf vorbei, dann lache ich, hihi, heihei."

Das dritte Schweinchen begegnet einem Mann, der zieht einen Karren voll mit Steinen. Es sagt zu ihm: „Bitte, lieber Mann, gib mir von den Steinen, ich will mir ein Haus daraus bauen." Der Mann aber sagt: „Gib mir erst von deinen Borsten, ich will mir eine Bürste daraus machen." Das Schweinchen gibt ihm, soviel er davon haben will, und der Mann gibt ihm die Steine und hilft ihm, das Haus aufbauen. Vorne hat das Haus eine große Tür und hinten eine kleine Tür. Dann schaut das Schweinchen sein Steinhaus an und singt: „Ich hab ein schönes Haus aus Stein, es ist so sicher und so fein. Und kommt der böse Wolf vorbei, dann lache ich, hihi, heihei."
So lebt nun jedes Schweinchen in seinem eigenen kleinen Haus, und jedes ist glücklich und zufrieden. Da kommt eines Tages der Wolf aus dem Wald, klopft an die große Tür des kleinen Strohhauses und ruft: „Liebes, gutes kleines Schwein, lass mich doch zu dir hinein". Das Schweinchen aber

antwortet: „Bin ganz allein, bin ganz allein. Lass dich nicht ins Haus hinein." Da sagt der Wolf: „Ich werde strampeln und trampeln, ich werde husten und prusten und dein Haus zusammenpusten." Und der Wolf strampelt und trampelt, er hustet und prustet und pustet das ganze Haus zusammen. Aber das kleine Schweinchen ist nicht mehr da. Es ist hinten durch die kleine Tür zum zweiten Schweinchen ins Holzhaus gelaufen.

Da geht der Wolf zum Holzhaus des zweiten Schweinchens und sagt: „Liebes, gutes kleines Schwein, lass mich doch zu dir hinein." Das Schweinchen aber antwortet: „Bin ganz allein, bin ganz allein. Lass dich nicht ins Haus herein." Da sagt der Wolf: „Ich werde strampeln und trampeln, ich werde husten und prusten und dein Haus zusammenpusten." Und der Wolf strampelt und trampelt, er hustet und prustet und pustet das ganze Haus zusammen. Aber die zwei kleinen Schweinchen sind nicht mehr da. Sie sind hinten durch die kleine Tür zum dritten Schweinchen ins Steinhaus gelaufen.

Da geht der Wolf zum Steinhaus des dritten Schweinchens und sagt: „Liebes, gutes kleines Schwein, lass mich doch zu dir hinein". Das Schweinchen aber antwortet: „Bin ganz allein, bin ganz allein. Lass dich nicht ins Haus herein." Da sagt der Wolf: „Ich werde strampeln und trampeln, ich werde husten und prusten und dein Haus zusammenpusten." Und der Wolf strampelt und trampelt, er hustet und prustet und pustet, aber kann das Haus nicht zusammenpusten.

Da wird er schrecklich zornig und brüllt: „Wart nur, gleich hab ich dich!" und macht sich daran, durch den Kamin ins Haus zu klettern.
Als die drei Schweinchen merken, was der Wolf im Sinne hat, sagt das erste Schweinchen: „Was sollen wir tun?" Das zweite Schweinchen: „Ich will ein großes Feuer im Kamin anmachen." Und das dritte Schweinchen: „Ich will einen großen Topf mit Wasser in den Kamin hängen." Das tun sie auch.
Nicht lange danach prasselt das Feuer und das Wasser siedet. Da kommt der Wolf den Kamin herunter und plumpst mitten ins heiße Wasser hinein. Schnell geben die Schweinchen noch einen Deckel darauf. Dann tanzen sie vor Freude um den Kamin herum und singen: „Der Wolf ist tot, der Wolf ist tot. Ende hat die große Not."
Dann baut sich das erste Schweinchen ein Steinhaus und das zweite auch, und fortan leben alle drei zufrieden und froh.

*(Märchen aus England nach Joseph Jacobs, www.maerchenstern.de/maerchen/die-drei-kleinen-schweinchen.php [25.06.2020])*

## Mögliche Gesprächsimpulse zum Märchen

* Was meint ihr, wie lange haben die drei Schweinchen gebraucht, um ihr Häuschen zu bauen?
* Habt ihr auch schon einmal Ähnliches erlebt wie die beiden ersten Schweinchen? (z. B. etwas ganz schnell fertig gemacht und euch hinterher geärgert, dass es nicht so lange gehalten hat?)

## Abschluss der Märchenstunde

Nach einem „Bauplan" – entweder vorgefertigt oder auch selbst entworfen – wird gemeinsam ein großes Haus aus Legosteinen gebaut. Vielleicht lassen sich dazu auch noch drei kleine Schweinchen falten.

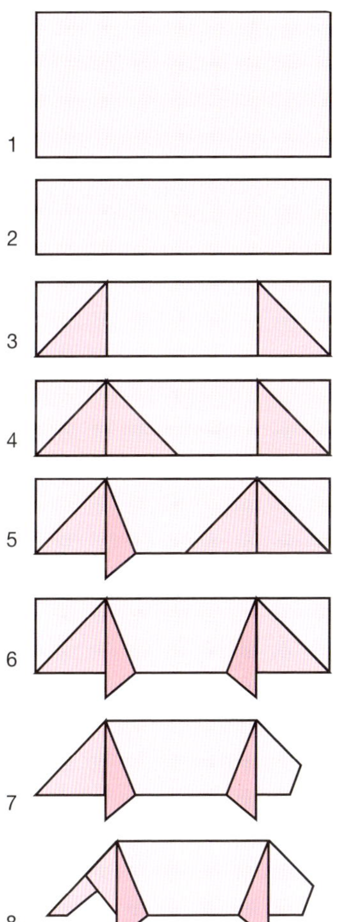


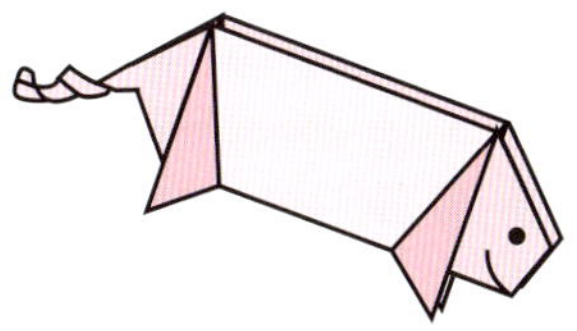

## 2.4.6 Die Büffelkuh und das Fischlein

*(Josef Haltrich, Siebenbürgen)*

### Worum es in diesem Märchen geht

Ein kleines Fischlein erlebt, wie ihm ein wesentlich größeres Tier, eine Büffelkuh, ohne Rücksicht alles Wasser wegsäuft, das es zum Überleben benötigt. Da wird es zornig und verschlingt die Büffelkuh.

### Wie ist die Grundstimmung dieses Märchens? Was gibt es beim Erzählen zu beachten?

Dieses Märchen erfordert einen kindlich unbeschwerten Ton, der von Zuversicht bestimmt wird. Das Kind kann sich mit dem kleinen Fischlein identifizieren und sich freuen, dass das Ende insofern gerecht erscheint, als dass das Böse bestraft wird und das Gute siegt. Diese positive Stimmung sollte im Erzählton mitschwingen.

### Welche Bilder lassen sich in diesem Märchen finden?

Die Kinder können miterleben, wie sich jemand etwas ohne Rücksicht auf andere nimmt. Sicherlich kennt das Kind solche Situationen und wird möglicherweise Parallelen zu eigenen Erfahrungen entdecken, etwa die Wut auf Menschen, die größer oder mächtiger sind als es selbst.

### Welche Wirkung kann das Märchen auf die Kinder ausüben?

Die Kinder können sich mit dem kleinen Fischlein identifizieren, dem die Lebensgrundlage genommen wird. Sie können erkennen, dass Rücksichtnahme und der Erhalt einer gerechten Ordnung wichtig sind. Das Kind wird hier aus dem Erzählten mitnehmen: Für ein geordnetes Zusammenleben ist es erforderlich, dass jeder Mensch die Bedürfnisse des anderen respektiert, akzeptiert und in seinem Verhalten berücksichtigt, was einem anderen wichtig ist. Weiterhin erkennt es womöglich, dass sich niemand einfach nehmen kann, was er haben will, auch wenn er der Größere und Stärkere ist.

## Märchentext zum Erzählen oder Vorlesen

**Die Büffelkuh und das Fischlein**
Einmal kam eine große, große Büffelkuh an ein kleines Bächlein, um zu trinken; sie hatte einen unersättlichen Durst und soff ohne Aufhören. In dem Bächlein aber wohnte ein klein winziges Fischlein, das war immer sehr lustig, hüpfte und sprang und spielte mit den glitzerigen Steinchen. Es fürchtete nun, die Büffelkuh werde ihm das Wasser alles saufen und rief ihr zu: „Warum säufst du so viel? Soll ich hier auf trockenem Sande bleiben und umkommen? Höre auf, nicht dass ich über dich komme!“ Aber die Büffelkuh spottete und brummte: „Boah! du kleiner Schnips, ich werde mich gleich vor dir fürchten! Sorge, dass ich dich nicht verschlinge!“ und soff fort und fort, bis kein Wasser im Bächlein war.
Da ward das Fischlein sehr, sehr zornig, sprang heraus und verschlang mit einem Mal das ganze große Tier.

Nicht wahr, es geschah der Büffelkuh recht? Warum hat sie dem armen Fischlein alles Wasser gesoffen und hat es dazu noch verspottet?

*(Haltrich, Josef: Deutsche Volksmärchen aus dem Sachsenlande in Siebenbürgen, Dritte vermehrte Auflage, Wien, Verlag von Carl Graeser, 1982, S. 221)*

## Mögliche Gesprächsimpulse zum Märchen

* Wieso ist das Fischlein so wütend auf die Büffelkuh?
* Wie kommt es dazu, dass die Büffelkuh dem Fischlein alles Wasser wegsäuft?
* Wart ihr auch schon einmal so wütend wie das Fischlein? Was habt ihr da gemacht?

## Spiel zum Abschluss der Märchenstunde

### Büffelkuh, Büffelkuh, lass mir mein Wasser

(frei nach dem Bewegungsspiel „Fischer, Fischer wie tief ist das Wasser?")

| | |
|---|---|
| **Alter der Mitspieler:** | ab 4 Jahren |
| **Anzahl der Mitspieler:** | ab 8 |
| **Spieldauer:** | ca. 5 Minuten |
| **Material:** | eine große leichte Decke oder ein Tuch |

Ein Kind wird zum Fischlein ernannt (z. B. durch Auszählen). Es stellt sich auf die eine Seite eines großen Raumes (Turnhalle), die anderen Kinder stehen auf der gegenüberliegenden Seite unter einer Decke.

Jetzt ruft das einzelne Kind: „Büffelkuh, Büffelkuh, lass mir mein Wasser!"

Die Gruppe antwortet schroff wie die Büffelkuh: „Nein, das mach ich nicht!"

Das Fischlein ruft: „Dann komm ich über Dich!"

Die Kinder unter der Decke laufen dann los, um auf die andere Seite zu gelangen, und das Fischlein versucht, so viele wie möglich unter der Decke hinauszuziehen. Die so eingesammelten Kinder werden zu Verbündeten des Fischleins. Das Spiel dauert so lange, bis nur noch ein Kind übrig ist, das in der nächsten Runde das Fischlein sein darf.

## 2.4.7 Die drei Böcke Brausewind

*(nach Asbjørnsen/Moe, 1847)*

## Worum geht es in diesem Märchen?

Drei Böcke wollen zu einer saftigen Wiese, um sich rund und fett zu fressen. Nacheinander kommen sie zu einer Brücke, die sie überqueren müssen. Unter der Brücke aber haust ein Troll, der sie fressen will. In einer Wechselrede verweisen die kleineren gewitzt auf den nachfolgenden, fetteren Bock. Der starke, dritte Bock stößt den Troll von der Brücke. Rund und satt kehren alle drei Böcke gemeinsam heim. Den Troll unter der Brücke brauchen sie nicht zu fürchten.

Dieses Märchen spricht von einer bedrohlichen Herausforderung, aber auch von Geschick, Zuversicht und innerer Kraft, dieser Herausforderung erfolgreich begegnen zu können. Der Troll ist nur scheinbar gefährlich. Mit einer findigen, cleveren Antwort lässt er sich zwei Mal überlisten und ablenken, bis er beim dritten Mal auf den trifft, der es leicht mit ihm aufnehmen kann. Das dreifache Durchspielen der gefährlichen Begegnung, das Überwinden der Angst und das Heimkehren, reifer und reicher geworden, sind märchentypisch.

## Wie ist die Grundstimmung dieses Märchens?

Die kleineren Böcke sprechen mit feiner, aber nicht mit verängstigter Stimme. Sie sind nicht ohnmächtig, sondern zeigen sich handlungsfähig und finden einen rettenden Ausweg. Die Stimme des Trolls gleicht der einer aufgeblasenen Schreckgestalt, einem wichtigtuenden Angstmacher und Gernegroß. Sie sollte nicht überzeichnet werden. Bodenständig und selbstverständlich klingt die Stimme des starken Bocks Brausewind. Die Begegnungen mit dem Troll werden nicht ohne Humor ausgekostet. Entsprechend ist die Grundstimmung des Märchens heiter getragen. Der Erzähler führt seine kindlichen Zuhörer mit klarer Stimme sicher durch alle Gefahren.

## Welche Bilder lassen sich in diesem Märchen finden?

Das Märchen hat eine einfache, sich wiederholende Handlung. Die eindrücklichen Bilder des Märchens stärken die Ein*bild*ungs- und Vorstellungskraft der kindlichen Zuhörer. Die eigenen Stärken auszu*bild*en und sich den Herausforderungen des Lebens zu stellen, ist die bildhafte Botschaft des Märchens.

## Drei Böcke

Kinder fühlen sich Tieren sehr nah und verbunden. Sie lieben es, sich in Tiergestalt zu verwandeln. Dieses besondere Märchen lädt Kinder ein, sich nacheinander mit drei Böcken unterschiedlicher Reife und Größe in eins zu setzen und ein spannendes Abenteuer zu bestehen. Auf dem Weg zurück sind alle drei Böcke kraftvoll vereint.

### Die Brücke

Die Brücke ist ein Grenzübergang in einen nährenden Bereich, der für die Entwicklung und Entfaltung eigener Kräfte von existentieller Bedeutung ist. Für alle drei Böcke ist es lebensnotwendig, diese Grenze mit Mut zu überschreiten.

### Der Brückentroll

Der Troll verwehrt den einzigen, lebenswichtigen Zugang. Seine Botschaft lautet: „Diese Grenze überschreitest du nicht. Dein Weg endet hier." Die Böcke aber lassen sich nicht aufhalten und zeigen ihrerseits dem Troll die Grenzen auf.

### Die Fressdrohung

Die Drohung, gefressen zu werden, findet sich in vielen Kinder- und Kettenmärchen („Der dicke, fette Pfannekuchen", „Hänsel und Gretel", „Rotkäppchen", „Der Wolf und die sieben Geißlein", „Fundevogel", „Hans und die Bohnenranke", „Die drei kleinen Schweinchen"). Märchen schenken die Möglichkeit, existentielle Lebensthemen hautnah und unmittelbar in einer einfachen, bildkräftigen Dramaturgie immer wieder durchzuspielen und durchzustehen. Auch unsere Sprache kennt Fressbilder, die ein Empfinden veranschaulichen helfen: jemanden zum Fressen gern haben; von den eigenen Kindern/der Arbeit aufgefressen werden; Kummer in sich hineinfressen; durch etwas angefressen sein; jemanden gefressen haben; etwas ausgefressen haben.

### Das Fressen auf der Wiese

Die Böcke auf der Wiese fressen den ganzen Sommer genießend und lustvoll. Sie ernähren sich wohl, sorgen gut für sich und sammeln Lebenskraft. Wohlgenährt und gestärkt – heute heißt es auch: resilient – kehren sie heim.

### Welche Wirkung kann das Märchen auf die Kinder ausüben?

Nicht zufällig tragen alle drei Böcke den gleichen schönen Namen. Denn es ist wohl nur ein Bock Brausewind, von dem dieses Märchen erzählt. Der großen Herausforderung, den Kampf mit dem Troll zu wagen, sind die beiden kleineren Böcke nicht gewachsen. Im miterlebenden Zuhören und Ausspielen dieses Märchens sammeln Kinder mit den kleineren Böcken Kräfte, bis sie groß und stark sind, und bereiten sich auf ihre eigenen Lebensaufgaben vor. Kraftvoll bestehen sie diese in der Identifikation mit dem großen Bock.

## Märchentext zum Erzählen oder Vorlesen

**Die drei Böcke Brausewind**
Es waren einmal drei Böcke, die wollten auf eine schöne grüne Wiese gehen und sich fett machen, und alle drei hießen sie Brausewind. Auf dem Weg aber mussten sie über einen Fluss. Da war auch eine Brücke. Unter der Brücke aber saß ein großer, garstiger Troll und lauerte auf alle, die hinüber wollten.

Zuerst kam der jüngste und kleinste Bock Brausewind zu der Brücke. Tripp tripp, tripp tripp, tripp tripp machte es auf der Brücke.
„Wer trippelt da über meine Brücke?", brüllte der große garstige Troll.
„Oh, das bin nur ich, der kleinste Bock Brausewind“, sagte der kleine Bock Brausewind mit einer ganz feinen Stimme, „ich will auf die schöne grüne Wiese gehen und mich fett machen."
„Aber jetzt komme ich und fresse dich", brüllte der große garstige Troll.
„Ach, tu das nicht“, sagte der kleine Bock Brausewind, „ich bin ja noch so klein, warte noch ein wenig, gleich kommt einer, der ist größer und fetter als ich."
„Jawoll“, freute sich der Troll, „dann geh und ich will auf den größeren und fetteren Bock warten."
Und der kleine Bock Brausewind trippelte tripp tripp, tripp tripp, tripp tripp geschwind über die Brücke und trippelte auf die schöne grüne Wiese und begann zu fressen.

Nicht lange, da kam der zweite Bock Brausewind zu der Brücke. Trapp trapp, trapp trapp, trapp trapp machte es auf der Brücke.
„Wer trappelt da über meine Brücke?", brüllte der große garstige Troll.
„Das bin ich, der zweite Bock Brausewind“, sagte der zweite Bock Brausewind mit einer etwas kräftigeren Stimme, „ich will auf die schöne grüne Wiese gehen und mich fett machen."
„Aber jetzt komme ich und fresse dich“, brüllte der große garstige Troll.
„Ach, tu das nicht“, sagte der zweite Bock Brausewind, „warte noch ein wenig, dann kommt einer, der ist noch viel größer und fetter als ich."
„Jawoll", freute sich der Troll, „dann geh – und ich will auf den noch größeren und fetteren Bock warten."
Und der zweite Bock Brausewind trappelte trapp trapp, trapp trapp, trapp trapp geschwind über die Brücke und trappelte auf die schöne grüne Wiese und begann zu fressen.
Und dann kam der große und starke Bock Brausewind.

Taram taram, taram taram, taram taram machte es auf der Brücke, dass es dröhnte und donnerte.
„Wer ta-rampelt da über meine Brücke?", brüllte der große garstige Troll.
„Das bin ich, der große Bock Brausewind", sagte der große Bock Brausewind mit einer sehr kraftvollen Stimme, „ich gehe auf die schöne grüne Wiese und mache mich fett."
„Aber jetzt komme ich und fresse dich", brüllte der große garstige Troll.
„So? Na, dann komm du nur", sagte der große Bock Brausewind und senkte langsam seinen Kopf mit den mächtigen Hörnern.
Und als der Troll auf die Brücke kletterte, stürmte der große Bock Brausewind los, gab dem Troll einen mächtigen Stoß, dass er weit, weit in den Fluss geschleudert wurde und nur mit knapper Not sein Leben behielt.
Und dann ging auch der große und starke Bock Brausewind taram taram, taram taram, taram taram auf die schöne grüne Wiese und begann zu fressen.
Und alle drei Böcke Brausewind haben sich den ganzen Sommer rund und fett gefressen. Und als sie im Herbst wieder heimkehrten und über die Brücke kamen – tripp tripp, trapp trapp, taram taram – da ließ sich der so gerne große, garstige Troll nicht blicken und blieb unter seiner Brücke mucksmäuschenstill.

*(Erzählfassung von Rolf Peter Kleinen, nach:* Asbjørnsen, P.C./Moe, J.: Norwegische Volksmährchen. *Deutsch von Friederich Bresemann. Mit einem Vorworte von Ludwig Tieck. 2 Bände, Berlin: M. Simion, 1847, hier 2. Band, S. 99–101)*

### Abschluss der Märchenstunde – erlebnisvertiefendes Spielen

Jedes Kind malt ein Bild zum Märchen. Die Bilder werden in eine Reihenfolge gelegt und das Märchen miteinander noch einmal erzählt.

Das Märchen erzählend spielen:

* Ein Arm wird als Brücke hoch vor den Kopf gehalten. Die freie Hand mit zwei ausgestreckten Fingern springt auf die Brücke. Darunter lauert das erzählende Kind als Troll. Steigt der Troll nach oben, den Arm senken und sich stoßen lassen.
* Eine Handtrommel wird zu den Böcken und zum Troll in einem je eigenen Rhythmus geschlagen.
* Der Fluss, die Brücke (z. B. ein Stück Rinde), die Wiese, die Böcke und der Troll werden gemeinsam mit Tüchern und Naturmaterialien gestaltet und bespielt.
* Ein Tisch ist die Brücke, darunter lauert der Troll.
* Das Spiel kann auch in den Garten verlegt werden: Der Troll lauert unter der Rutsche.

## 2.4.8 Die Sterntaler

*(Brüder Grimm: KHM 153)*

### Worum es in diesem Märchen geht

Ein kleines Mädchen, dessen Eltern gestorben sind, zieht in die Welt hinaus. Auf seinem Weg trifft es auf Menschen, die noch ärmer sind als es selbst und verschenkt nach und nach alles, was es noch besitzt: ein Stück Brot, eine Mütze, ein Leibchen, ein Röcklein und zum Schluss, im dunklen Wald angekommen, auch noch sein Hemdlein. Da fallen plötzlich die Sterne als Taler vom Himmel, und das Mädchen hat ein neues, feines Leinenhemd an, in das es alle Sterntaler aufsammelt und ist nun reich.

Zwei zentrale Themen begegnen uns in diesem Märchen: Teilen und Alleinsein. Das Mädchen, das von allen verlassen hinaus ins Ungewisse wandert, hat viele Begegnungen, doch es bleibt für sich allein.

Weiterhin zeigt das Märchen, dass die Bereitschaft, zu teilen, zu geben, Schwächeren zu helfen bereichernd sein kann. Je mehr ich „mitteile", umso reicher werde ich.

*(vgl. Medla/Reinemer, 2014, S. 82 f.)*

### Wie ist die Grundstimmung dieses Märchens?

Dieses Märchen hat etwas Legendenartiges an sich, was in einem leicht besinnlichen Erzählton mitklingen darf. Es darf jedoch nicht übertrieben werden, damit es nicht pathetisch wirkt. Es wird vor allem leicht und sicher erzählt, dem vertrauenden Kind entsprechend, das in Zuversicht seinen Weg geht.

## Welche Bilder lassen sich in diesem Märchen finden?

„Kein Haus mehr haben", „ins Feld gehen", „sich entblößen" und schließlich „ins Dunkle gehen" – in anschaulichen Bildern spricht das kleine Märchen davon, wie es sich anfühlen kann, seinen Weg allein zu gehen. Jeder, der dies schon einmal erlebt hat, wird sich hier einfühlen können. Die plötzlich herunterfallenden Sterne/Taler sind als Bild für die seelische Bereicherung zu verstehen, die im Kontakt mit anderen Menschen erlebt werden kann.

## Welche Wirkung kann das Märchen auf die Kinder ausüben?

Die Kinder werden aus diesem Märchen vor allem mitnehmen, dass sie vertrauen dürfen, egal, was auch geschieht. Auch wenn etwas anfangs noch so schlimm aussieht, oft geschieht Unerwartetes und macht Schlimmes wieder gut.

*(vgl. Betz, 1988, S. 57)*

## Märchentext zum Erzählen oder Vorlesen

**Die Sterntaler**
Es war einmal ein kleines Mädchen, dem war Vater und Mutter gestorben, und es war so arm, daß es kein Kämmerchen mehr hatte, darin zu wohnen, und kein Bettchen mehr, darin zu schlafen, und endlich gar nichts mehr als die Kleider auf dem Leib und ein Stückchen Brot in der Hand, das ihm ein mitleidiges Herz geschenkt hatte. Es war aber gut und fromm.

Und weil es so von aller Welt verlassen war, ging es, im Vertrauen auf den lieben Gott hinaus ins Feld.

Da begegnete ihm ein armer Mann, der sprach: „Ach, gib mir etwas zu essen, ich bin so hungerig." Es reichte ihm das ganze Stückchen Brot und sagte: „Gott segne dir's", und ging weiter.

Da kam ein Kind, das jammerte und sprach:
„Es friert mich so an meinem Kopfe, schenk mir etwas, womit ich ihn bedecken kann." Da tat es seine Mütze ab und gab sie ihm.

Und als es noch eine Weile gegangen war, kam wieder ein Kind und hatte kein Leibchen an und fror: da gab es ihm seins; und noch weiter, da bat eins um ein Röcklein, das gab es auch von sich hin.

Endlich gelangte es in einen Wald, und es war schon dunkel geworden, da kam noch eins und bat um ein Hemdlein, und das fromme Mädchen dachte: „Es ist dunkle Nacht, da sieht dich niemand, du kannst wohl dein Hemd weggeben", und zog das Hemd ab und gab es auch noch hin.
Und wie es so stand und gar nichts mehr hatte, fielen auf einmal die Sterne vom Himmel, und waren lauter harte blanke Taler; und ob es gleich sein Hemdlein weggegeben, so hatte es ein neues an, und das war vom allerfeinsten Linnen.
Da sammelte es sich die Taler hinein und war reich für sein Lebtag.

*(Uther, Hans-Jörg (Hrsg.): Brüder Grimm Kinder und Hausmärchen, Dritter Band, Märchen Nr. 145–200, Kinderlegenden 1–10, 2. Aufl., München, Diedrichs Verlag, 1996, S. 22 ff.)*

## Mögliche Gesprächsimpulse zum Märchen

* Wieso hat das Mädchen alle seine Sachen an andere Menschen verschenkt?
* Habt ihr das auch schon einmal erlebt, wie es ist, mit anderen etwas zu teilen? Wann ist es schön, etwas abzugeben, wann vielleicht nicht?

## Abschluss der Märchenstunde

Es könnte in Vorbereitung auf diese Märchenstunde mit einer kleinen Gruppe von Kindern ein Brot gebacken werden, das nun aufgeteilt und gemeinsam in gemütlicher Runde gegessen wird.

## 2.4.9 Warum das Schneeglöckchen nicht erfriert

*(Märchen aus Mazedonien)*

## Worum es in diesem Märchen geht

Der Schnee, noch durchsichtig und farblos, macht sich auf den Weg, um eine Farbe zu erhalten. Nach und nach bittet er Erde, Gras, Rose, Himmel und Sonne vergeblich, ihm von ihrer Farbe abzugeben. Schließlich fragt er ein Schneeglöckchen, ob es ihm helfen mag. Bereitwillig gibt es ihm von seiner Farbe. Seither ist der Schnee weiß und das Schneeglöckchen die einzige Blume, die im Schnee blühen kann.

Thema dieses kurzen Märchens ist „um Hilfe bitten und Hilfe erhalten“.

## Wie ist die Grundstimmung dieses Märchens? Was gibt es beim Erzählen zu beachten?

In diesem Märchen wird davon berichtet, wie etwas wurde. Der Ton sollte deshalb schlicht und zurückhaltend sein, von leichter Zuversicht bestimmt, dass alles am Ende gut wird.

**ACHTSAMKEIT**

**Beim Erzählen sollte unbedingt darauf geachtet werden, keine Bewertung der Verhaltensweisen von Erde, Gras, Rose, Himmel und Sonne anklingen zu lassen. Sie werden etwas gefragt und dürfen „Nein“ sagen. Bei einer Bewertung würde der Schnee zugleich fordernd wirken.**

## Welche Bilder lassen sich in diesem Märchen finden?

Hauptsächlich ist vom Schnee die Rede, sodass es nahe liegt, dieses Märchen im Winter zu erzählen. Vielleicht liegt draußen sogar etwas Schnee und einige Schneeglöckchen wachsen im Außengelände oder in der näheren Umgebung der Kita. Dann werden die Kinder mit den wichtigsten Bildern vertraut, die das Märchen enthält. Nach dieser „Vorarbeit“ kann dann das Märchen bei passender Gelegenheit erzählt werden.

## Welche Wirkung kann das Märchen auf die Kinder ausüben? Was nehmen sie davon mit?

Das Märchen ermutigt, bei Schwierigkeiten nicht gleich aufzugeben und Hilfe anzunehmen. Durch das Ende des Märchens können die Kinder Folgendes erfahren: „Wer anderen hilft, dem wird oft auch geholfen.“

## Märchentext zum Erzählen oder Vorlesen

**Warum das Schneeglöckchen nicht erfriert**
Alle Dinge hatten schon ihre Farbe. Die Erde war braun, das Gras grün, die Rose rot, der Himmel blau und die Sonne golden.
Nur für den Schnee war keine Farbe übrig geblieben. Da entschloss er sich, die anderen zu bitten, ihm etwas Farbe abzugeben.

Zuerst ging er zur Erde: „Erde, gib mir etwas von deiner braunen Farbe!", bat er. Die Erde aber schlief und antwortete nicht.

Da ging der Schnee zum Gras: „Gras, gib mir ein wenig von deiner grünen Farbe!", aber das Gras war geizig und tat, als höre es nicht.

Da begab sich der Schnee zur Rose und sprach: „Gib mir ein bisschen rote Farbe!" Doch die Rose wandte sich stolz zur Seite.

„Hast du ein wenig blaue Farbe übrig?", rief nun der Schnee dem Himmel zu. Der Himmel aber war weit und hörte ihn nicht.

Auch die Sonne bat der Schnee vergeblich, ihm von ihrer goldenen Farbe etwas abzugeben, denn die Sonne ging gerade unter und hatte keine Zeit zu antworten.

So musste der arme Schnee unverrichteter Dinge weiterziehen.

Schließlich blieb er vor einem bescheidenen Blümchen am Waldrand stehen. „Könntest du vielleicht ein wenig von deiner schönen Farbe entbehren?", fragte der Schnee. „Warum nicht? Nimm dir nur, soviel du brauchst!"

So bekam der Schnee seine weiße Farbe, und bis zum heutigen Tage ist er weiß geblieben.

Die bescheidene Blume am Waldrand aber, die heute auch in unseren Gärten steht, heißt seither Schneeglöckchen, und ihren Blüten allein fügt der Schnee keinen Schaden zu.

*(Märchen aus Mazedonien, in: Arnold, Marlis: 3-Minuten Märchen aus aller Welt, Köln, Könemann, 2001)*

## Mögliche Gesprächsimpulse zum Märchen

* Wieso geben Erde, Gras, Rose, Himmel und Sonne nichts von ihrer Farbe ab?
* Warum macht es dem Schneeglöckchen nichts aus, dem Schnee mit seiner Farbe auszuhelfen?
* Erinnert ihr Euch an eine Situation, in der ihr andere um Hilfe gebeten habt? Möchtet ihr das einmal erzählen?

## Abschluss der Märchenstunde

Zum Abschluss könnte die Erzieherin ein Rollenspiel mit den Kindern durchführen. Sie erzählt das Märchen nochmals, und einzelne Kinder spielen Schnee, Erde, Gras, Himmel, Sonne und Schneeglöckchen mit ganz einfachen Requisiten. Farbige Tücher oder Decken in den entsprechenden Farben sind schon ausreichend.

LITERATURTIPP

**Scherzer, Gabi:** Wie der Schnee zu seiner Farbe kam: Ein Wintermärchen mit Figuren und Kulissen zum Ausschneiden für die Erzählschiene (Geschichten und Figuren für die Erzählschiene), Don Bosco Verlag, München, 2018

Zu diesem Märchen bietet Gabi Scherzer ein Figuren- und Geschichtenset für die Erzählschiene an. Dieses Set enthält neben einem Ausschneidebogen mit fertig gestalteten Figuren und einem Bogen mit Umrisszeichnungen zum kreativen Gestalten ein Begleitheft mit Anleitungen zum Gestalten der Figuren, eine Erzählvorlage, methodische Hinweise allgemeiner Art zum Spielen mit der Erzählschiene sowie pädagogische Anmerkungen zur Geschichte und weiterführende Angebote.

So kann das Märchen nach Abschluss der Märchenstunde noch längere Zeit thematisch bearbeitet werden.

## 2.4.10 Der goldene Schlüssel

(Brüder Grimm: KHM 200)

### Worum es in diesem Märchen geht

Ein kleiner Junge findet beim Holzsammeln im Wald unterm Schnee einen kleinen goldenen Schlüssel und unter der Erde ein eisernes Kästchen. Er erwartet *„kostbare Sachen"* in dem Kästchen, sucht und findet schließlich ein kleines Schlüsselloch und schließt auf.

Der Zuhörer aber muss nun warten, bis er es geöffnet hat, um zu erfahren, was der Inhalt ist.

Thema dieses kleinen Märchens ist das Suchen und Finden in der Phantasie. Es wird beim Zuhören selbst erlebt, indem die Kinder einen eigenen Schluss zu dem offenen Ende des Märchens erfinden können.

*(vgl. Diergarten/Smeets, 1996, S. 195)*

### Wie ist die Grundstimmung dieses Märchens? Was gibt es beim Erzählen zu beachten?

In diesem Märchen wird davon berichtet, wie ein Junge seine ihm aufgetragene Arbeit erledigt und dabei eher zufällig eine Entdeckung macht. Der Ton sollte deshalb schlicht und zurückhaltend sein, selbst wenn während des Märchens Spannung angebahnt wird. Diese darf jedoch nicht zu stark hervortreten, damit vor allem der Schluss für die Zuhörer stimmig bleibt. Ansonsten lassen wir die kleinen Zuhörer mit dem Gefühl zurück: „Und was war nun in dem Kästchen, erzähl weiter!"

### Welche Bilder lassen sich in diesem Märchen finden?

Es liegt nahe, dieses Märchen im Winter, vielleicht kurz vor Weihnachten, zu erzählen, vielleicht nachdem die Kinder einmal draußen an einem offenen Feuer gesessen haben, dann können sie die Situation des Jungen, der sich nach Wärme sehnt, gut nachempfinden.

Die beiden wichtigen Bilder „Schnee/Kälte" und „Feuer" sollten die Kinder vorher erlebt haben, beispielsweise an einem Lagerfeuer draußen, wenn es sehr kalt ist. „Schlüssel" und „verschließbares Kästchen beziehungsweise Schloss" als Bild kann durch entsprechende Materialien erlebbar gemacht werden. Die Kinder erfahren so, wer einen Schlüssel besitzt, kann aufschließen und verschließen und in einem verschließbaren Kästchen etwas aufbewahren, was für ihn wichtig und kostbar ist. Dies schließt indirekt mit ein, dass Kostbares achtsam zu behandeln ist und deshalb nicht offen herumliegen darf. Vielleicht kann das ein oder andere Kind von solchen „Schlüsselerlebnissen“ berichten.

Nach dieser Vorarbeit kann dann das kleine Märchen erzählt werden. Die Kinder können am Schluss mit dem Zusatz „... ja, wir wissen nicht, was in dem Kästchen war, aber schließt einmal eure Augen, dann könnt ihr es vielleicht selbst entdecken“ zum kreativen Mitgestalten eingeladen werden.

## Welche Wirkung kann das Märchen auf die Kinder ausüben?

Das Märchen zeigt den Kindern, dass sich das Suchen lohnt, man mit offenen Augen durch die Welt gehen sollte. Sie erfahren, dass es gut ist, nicht gleich aufzugeben, sondern den Sachen „auf der Spur“ zu bleiben.

*(vgl. Betz, 1988, S. 45)*

## Märchentext zum Erzählen oder Vorlesen

**Der goldene Schlüssel**

Zur Winterszeit, als einmal ein tiefer Schnee lag, mußte ein armer Junge hinausgehen und Holz auf einem Schlitten holen.

Wie er es nun zusammengesucht und aufgeladen hatte, wollte er, weil er so erfroren war, noch nicht nach Haus gehen, sondern erst Feuer anmachen und sich ein bißchen wärmen.

Da scharrte er den Schnee weg, und wie er so den Erdboden aufräumte, fand er einen kleinen, goldenen Schlüssel.

Nun glaubte er, wo der Schlüssel wäre, müßte auch das Schloß dazu sein, grub in der Erde und fand ein eisernes Kästchen.

„Wenn der Schlüssel nur passt!", dachte er. „Es sind gewiss kostbare Sachen in dem Kästchen." Er suchte, aber es war kein Schlüsselloch da, endlich entdeckte er eins, aber so klein, daß man es kaum sehen konnte.

Er probierte und der Schlüssel paßte glücklich. Da drehte er einmal herum, und nun müssen wir warten, bis er vollends aufgeschlossen und den Deckel aufgemacht hat, dann werden wir erfahren, was für wunderbare Sachen in dem Kästchen lagen.

*(Uther, Hans-Jörg (Hrsg.): Brüder Grimm Kinder und Hausmärchen, Dritter Band, Märchen Nr. 145–200, Kinderlegenden 1–10, 2. Aufl., München, Diedrichs Verlag, 1996, S. 185 f.)*

### Möglicher Gesprächsimpuls zum Märchen

Was meint ihr, was ließ sich in dem Kästchen finden, was habt ihr gesehen?

### Abschluss der Märchenstunde

Die Kinder können zum Abschluss ein eigenes kleines Schatzkästchen gestalten.

TIPP

Eine Anleitung zum Gestalten eines kleinen Faltkästchens finden Sie im BuchPlusWeb. Dieses kann dann nach Belieben von den Kindern verziert werden. Web

## 2.4.11 Rotkäppchen

(Brüder Grimm: KHM 26)

### Worum es in diesem Märchen geht

Rotkäppchen wird von seiner Mutter zur kranken Großmutter geschickt, die in einem Haus im Wald wohnt. Es soll ihr einen Korb mit Kuchen und Wein bringen.

Die Mutter warnt Rotkäppchen, nicht vom Weg abzugehen, was Rotkäppchen ihr verspricht. Im Wald aber hat Rotkäppchen alles vergessen und lässt sich auf ein Gespräch mit dem Wolf ein. Der Wolf fragt Rotkäppchen nach seinem Vorhaben und dem Wohnort der Großmutter und rät Rotkäppchen, zunächst Blumen im Wald zu pflücken, um sie der Großmutter zu schenken. Der Wolf eilt zwischenzeitlich zur Großmutter und frisst sie auf. Dann legt er sich in ihr Bett und wartet auf Rotkäppchen. Rotkäppchen kommt bald in Großmutters Haus an und wundert sich über die Gestalt der Großmutter, erkennt aber nicht den Wolf, bevor es ebenfalls gefressen wird.

Ein Jäger, der sich über das laute Schnarchen der Großmutter wundert, findet im Bett den Wolf mit dickem Bauch. Er schneidet den Bauch des Wolfes auf und rettet Rotkäppchen und die Großmutter. Rotkäppchen füllt daraufhin den Bauch des Wolfes mit Steinen, die so schwer sind, dass der Wolf nach dem Aufwachen tot umfällt. Alle sind erleichtert und gehen den für sie jeweils wichtigen Dingen nach.

Thema dieses Märchens ist, sich ins Leben zu wagen mit all den Versuchungen und Gefahren, die das Leben mit sich bringt.

## Wie ist die Grundstimmung dieses Märchens? Was gibt es beim Erzählen zu beachten?

Durch einen von Zuversicht bestimmten frischen Ton muss hörbar vermittelt werden, dass Rotkäppchen unverwundbar ist, egal, was auch passiert.

*(vgl. Betz: 1988, S. 75)*

Es ist besonders wichtig, dass sich die Erzählerin den Grundton immer wieder vergegenwärtigt und ihn auch nicht im Dialog zwischen Rotkäppchen und dem Wolf verlässt und so in einen dramatischen Tonfall verfällt. Das ist der Sache nicht angemessen und macht den Kindern Angst.

Ebenso ist darauf zu achten, am Schluss keinen moralisierenden Ton anklingen zu lassen, denn es ist nicht das Ansinnen dieses Märchens, den „moralischen Zeigfinger zu heben". Es empfiehlt sich eher, den Mittelweg einzuschlagen zwischen Gehorsam und Ausprobieren, was das Leben zu bieten hat.

## Welche Bilder lassen sich in diesem Märchen finden?

Die Themen Untergang und Neuanfang sind hier in ganz einfache – schon Kindern verständliche – Bilder gefasst. Hauptbilder sind hier: das Kind mit dem roten Käppchen, der Wolf, die Großmutter und der Jäger.

Rotkäppchen geht seinen Weg, aber nicht geradeaus, sondern erliegt den Versuchungen des Lebens, weshalb es sich auch, zumindest zeitweilig, verschlingen lässt.

Der Wolf symbolisiert die dunkle Seite des Lebens, das Bedrohende, aber auch das Listige und Schlaue, welches zu durchschauen gerade für die noch unerfahrene Generation recht schwierig ist.

Die Großmutter ist wie so oft in Märchen der Enkelin gut gesonnen.

Der Jäger ist jemand, der für Ordnung sorgt. Vielleicht ist es möglich, vor dem Erzählen die Kinder mit der Person des Jägers schon einmal ein wenig vertraut zu machen, indem ein „echter“ Jäger kindgemäß von seiner Funktion als „Heger“ erzählt.

### Welche Wirkung kann das Märchen auf die Kinder ausüben? Was nehmen sie davon mit?

Grundsätzlich werden die Kinder mitnehmen, dass es gut ist, den rechten Weg nicht zu verlassen, auf Ratschläge zu hören.

Indirekt zeigt es ihnen aber auch, dass es nicht nur ihnen so geht, manchmal mutig sein zu wollen, etwas auszuprobieren, was eigentlich verboten ist, um seine eigenen Erfahrungen machen zu können. Dies ist nun einmal der einzige Weg, um sich weiterentwickeln zu können, um zu reifen.

*(vgl. Betz, 6. Aufl., 1988, S. 74)*

## Rotkäppchen

Es war einmal eine kleine süße Dirne, die hatte jedermann lieb, der sie nur ansah, am allerliebsten aber ihre Großmutter, die wußte gar nicht, was sie alles dem Kinde geben sollte. Einmal schenkte sie ihm ein Käppchen von rotem Sammet, und weil ihm das so wohl stand und es nichts anders mehr tragen wollte, hieß es nur das Rotkäppchen.

Eines Tages sprach seine Mutter zu ihm: „Komm, Rotkäppchen, da hast du ein Stück Kuchen und eine Flasche Wein, bring das der Großmutter hinaus; sie ist krank und schwach und wird sich daran laben. Mach dich auf, bevor es heiß wird, und wenn du hinauskommst, so geh hübsch sittsam und lauf nicht vom Weg ab, sonst fällst du und zerbrichst das Glas, und die Großmutter hat nichts. Und wenn du in ihre Stube kommst, so vergiß nicht, guten Morgen zu sagen, und guck nicht erst in alle Ecken herum." „Ich will schon alles gut machen", sagte Rotkäppchen zur Mutter, und gab ihr die Hand darauf.

Die Großmutter aber wohnte draußen im Wald, eine halbe Stunde vom Dorf. Wie nun Rotkäppchen in den Wald kam, begegnete ihm der Wolf. Rotkäppchen aber, wußte nicht, was das für ein böses Tier war, und fürchtete sich nicht vor ihm.
„Guten Tag, Rotkäppchen", sprach er. „Schönen Dank, Wolf." „Wo hinaus so früh, Rotkäppchen?" „Zur Großmutter." „Was trägst du unter der Schürze?" „Kuchen und Wein: Gestern haben wir gebacken, da soll sich die kranke und schwache Großmutter etwas zugut tun und sich damit stärken." „Rotkäppchen, wo wohnt deine Großmutter?" „Noch eine gute Viertelstunde weiter im Wald unter den drei großen Eichbäumen, da steht ihr Haus, unten sind die Nußhecken, das wirst du ja wissen," sagte Rotkäppchen.
Der Wolf dachte bei sich: „Das junge zarte Ding, das ist ein fetter Bissen, der wird noch besser schmecken als die Alte: du mußt es listig anfangen, damit du beide erschnappst."
Da ging er ein Weilchen neben Rotkäppchen her, dann sprach er: „Rotkäppchen, sieh einmal die schönen Blumen, die ringsumher stehen, warum guckst du dich nicht um? Ich glaube, du hörst gar nicht, wie die Vöglein so lieblich singen? Du gehst ja für dich hin, als wenn du zur Schule gingst und ist so lustig haußen in dem Wald."
Rotkäppchen schlug die Augen auf, und als es sah wie die Sonnenstrahlen durch die Bäume hin und her tanzten und alles voll schöner Blumen stand, dachte es: „Wenn ich der Großmutter einen frischen Strauß mitbringe, der wird ihr auch Freude machen; es ist so früh am Tag, daß ich doch zu rechter Zeit ankomme", lief vom Wege ab in den Wald hinein und suchte Blumen.

Und wenn es eine gebrochen hatte, meinte es, weiter hinaus stände eine schönere, und lief danach und geriet immer tiefer in den Wald hinein.

Der Wolf aber ging geradeswegs nach dem Haus der Großmutter, und klopfte an die Türe.
„Wer ist draußen?" „Rotkäppchen, das bringt Kuchen und Wein, mach auf." „Drück nur auf die Klinke", rief die Großmutter, „ich bin zu schwach und kann nicht aufstehen." Der Wolf drückte auf die Klinke, die Türe sprang auf und er ging, ohne ein Wort zu sprechen, gerade zum Bett der Großmutter und verschluckte sie. Dann tat er ihre Kleider an, setzte ihre Haube auf, legte sich in ihr Bett und zog die Vorhänge vor.

Rotkäppchen aber war nach den Blumen herumgelaufen, und als es so viel zusammen hatte, daß es keine mehr tragen konnte, fiel ihm die Großmutter wieder ein, und es machte sich auf den Weg zu ihr. Es wunderte sich, daß die Türe aufstand, und wie es in die Stube trat, so kam es ihm so seltsam darin vor, daß es dachte: „Ei, du mein Gott, wie ängstlich wird mir´s heute zumut, und ich bin sonst so gerne bei der Großmutter!" Es rief „Guten Morgen", bekam aber keine Antwort.
Darauf ging es zum Bett und zog die Vorhänge zurück; da lag die Großmutter und hatte die Haube tief ins Gesicht gesetzt und sah so wunderlich aus. „Ei, Großmutter, was hast du für große Ohren!" „Daß ich dich besser hören kann." „Ei, Großmutter, was hast du für große Augen!" „Daß ich dich besser sehen kann." „Ei, Großmutter, was hast du für große Hände!" „Daß ich dich besser packen kann." „Aber, Großmutter, was hast du für ein entsetzlich großes Maul!"
„Daß ich dich besser fressen kann." Kaum hatte der Wolf das gesagt, so tat er einen Satz aus dem Bette und verschlang das arme Rotkäppchen.

Wie der Wolf sein Gelüsten gestillt hatte, legte er sich wieder ins Bett, schlief ein und fing an, überlaut zu schnarchen.

Der Jäger ging eben an dem Haus vorbei und dachte: „Wie die alte Frau schnarcht, du mußt doch sehen, ob ihr etwas fehlt." Da trat er in die Stube, und wie er vor das Bette kam, so sah er, daß der Wolf darin lag. „Finde ich dich hier, du alter Sünder", sagte er, „ich habe dich lange gesucht."
Nun wollte er seine Büchse anlegen, da fiel ihm ein, der Wolf könnte die Großmutter gefressen haben, und sie wäre noch zu retten: schoß nicht, sondern nahm eine Schere und fing an, dem schlafenden Wolf den Bauch aufzuschneiden.

Wie er ein paar Schnitte getan hatte, da sah er das rote Käppchen leuchten, und noch ein paar Schnitte, da sprang das Mädchen heraus und rief:

„Ach wie war ich erschrocken, wie war's so dunkel in dem Wolf seinem Leib!" Und dann kam die alte Großmutter auch noch lebendig heraus und konnte kaum atmen.

Rotkäppchen aber holte geschwind große Steine, damit füllten sie dem Wolf den Leib, und wie er aufwachte, wollte er fortspringen, aber die Steine waren so schwer, daß er gleich niedersank und sich totfiel.

Da waren alle drei vergnügt; der Jäger zog dem Wolf den Pelz ab und ging damit heim, die Großmutter aß den Kuchen und trank den Wein, den Rotkäppchen gebracht hatte, und erholte sich wieder, Rotkäppchen aber dachte: „Du willst dein Lebtag nicht wieder allein vom Wege ab in den Wald laufen, wenn dir´s die Mutter verboten hat."

Es wird auch erzählt, daß einmal, als Rotkäppchen der alten Großmutter wieder Gebackenes brachte, ein anderer Wolf ihm zugesprochen und es vom Wege habe ableiten wollen. Rotkäppchen aber hütete sich und ging gerade fort seines Wegs und sagte der Großmutter, daß es dem Wolf begegnet wäre, der ihm guten Tag gewünscht, aber so bös aus den Augen geguckt hätte: „Wenn´s nicht auf offener Straße gewesen wäre, er hätte mich gefressen." „Komm", sagte die Großmutter, „wir wollen die Türe verschließen, daß er nicht herein kann."

Bald danach klopfte der Wolf an und rief: „Mach auf, Großmutter, ich bin das Rotkäppchen, ich bring dir Gebackenes." Sie schwiegen aber still und machten die Türe nicht auf: da schlich der Graukopf etlichemal um das Haus, sprang endlich aufs Dach und wollte warten, bis Rotkäppchen abends nach Haus ginge, dann wollte er ihm nachschleichen und wollt´ s in der Dunkelheit fressen.
Aber die Großmutter merkte, was er im Sinn hatte. Nun stand vor dem Haus ein großer Steintrog, da sprach sie zu dem Kind: „Nimm den Eimer, Rotkäppchen, gestern hab ich Würste gekocht, da trag das Wasser, worin sie gekocht sind, in den Trog."
Rotkäppchen trug so lange, bis der große, große Trog ganz voll war. Da stieg der Geruch von den Würsten dem Wolf in die Nase, er schnupperte und guckte hinab, endlich machte er den Hals so lang, daß er sich nicht mehr halten konnte und anfing zu rutschen: so rutschte er vom Dach herab, gerade in den großen Trog hinein, und ertrank.
Rotkäppchen aber ging fröhlich nach Haus, und tat ihm niemand etwas zuleid.

*(Uther, Hans-Jörg (Hrsg.): Brüder Grimm Kinder und Hausmärchen, Erster Band, Märchen Nr. 1–60, 2. Aufl., München, Diedrichs Verlag, 1996, S. 141 ff.)*

## Mögliche Gesprächsimpulse zum Märchen

* Wieso gibt die Mutter Rotkäppchen so viele Ratschläge mit auf den Weg zur Großmutter?
* Wie kommt es, dass Rotkäppchen im Wald nicht mehr an das denkt, was es seiner Mutter versprochen hat?
* Was meint ihr, wie wird Rotkäppchen sich verhalten, wenn es ein anderes Mal wieder zur Großmutter in den Wald geht? *(ggf. danach erst den zweiten Teil des Märchens erzählen/vorlesen)*

## Abschluss der Märchenstunde

### Übung: „Nicht vom Weg abgehen/Gehen auf der Linie“

(nach Maria Montessori)

**Alter:** 3–6 Jahre

**Material:** Isolierband oder Kreide zum Aufmalen einer 3–4 cm breiten ellipsenförmigen Linie, deren langer Durchmesser wenigstens 4 m betragen sollte, Holzkekse oder Früchte, die auf einem Löffel balanciert werden, Hintergrundmusik oder Waldgeräusche

**Darbietung und Übung**

**1. Grundübung:**

| | |
|---|---|
| Die Erzieherin geht zuerst auf die Linie und setzt deutlich den einen Fuß vor den anderen. | *Im Hintergrund kann leise Musik erklingen.* |
| Sie tritt an die Seite und ruft die Kinder nacheinander leise beim Namen und bittet sie, die Übung durchzuführen. | |

| | |
|---|---|
| Nach und nach gehen alle Kinder hintereinander auf der Linie. | *Die Erzieherin ist nun Beobachterin, die bei auftretenden Schwierigkeiten durch leise Anregungen zur Korrektur anregen kann, beispielsweise: „Wir versuchen, genau auf die Linie zu treten.“* |
| Die Erzieherin fordert die Kinder, die an ihr vorübergehen, auf, die Linie zu verlassen und beendet so die Übung. | |

**2. Übung** (**passend zum Märchen**)

Die Kinder balancieren Holzkekse oder Früchte auf einem Löffel und achten darauf, dass sie auf der Linie bleiben (= Weg zur Großmutter).

## 2.4.12 Die Bienenkönigin

*(Brüder Grimm: KHM 62)*

### Worum es in diesem Märchen geht

Zwei Königssöhne kehren von ihren Abenteuern nicht mehr zurück, sodass sich ihr jüngster Bruder, der Dummling genannt wird, auf den Weg macht, sie zu suchen. Die Brüder verspotten ihn aber, halten sich selbst für klüger und sehen auf ihn herab.

Dennoch machen sich alle drei Brüder gemeinsam auf den Weg und begegnen verschiedenen Tieren: Ameisen in einem Ameisenhaufen, Enten, die auf einem See schwimmen, und schließlich Bienen in einem Bienenstock.

Die beiden älteren Brüder wollen den Ameisenhaufen aufwühlen, die Enten töten und den Bienenstock ausräuchern. Der „Dummling“ aber setzt sich jedes Mal für die Tiere ein, weil er es nicht mag, dass jemand diesen Lebewesen etwas antut.

Als die drei Brüder dann zu einem verwunschenen Schloss kommen, in dem ihnen drei kaum zu lösende Aufgaben gestellt werden, versagen die älteren Brüder und werden in Stein verwandelt, während der Dummling mithilfe der Tiere, die er einmal gerettet hat, alle drei Aufgaben löst. Damit ist der Zauberbann gebrochen und alles, was versteinert war, erhält seine Ursprungsgestalt zurück. Die jüngste Tochter wird die Frau des Dummlings, er König nach ihres Vaters Tod und seine Brüder heiraten die Schwestern der jüngsten Prinzessin.

Themen dieses Märchens sind Respekt und Achtsamkeit gegenüber allem Lebendigen und der Einsatz für den Schutz der Natur.

*(vgl. Medla/Reinemer, 2014, S. 137)*

## Wie ist die Grundstimmung dieses Märchens? Was gibt es beim Erzählen zu beachten?

Der Grundton ist schlicht, berichtend, jedoch von Zuversicht bestimmt. Es muss von Anfang an hörbar sein, was sich am Ende zeigt: Das Erlösende, das Heilende wird sich durchsetzen.

*(vgl. Betz, 6. Aufl., 1988, S. 99)*

### ACHTSAMKEIT

Es sei hier noch auf zwei Stellen hingewiesen, die beim Vorlesen beziehungsweise Erzählen besonders beachtet werden sollten, um den berichtenden Ton beibehalten zu können und nicht in eine Wertung „abzurutschen“:

* Der Erzählton darf nicht anklagend wirken, wenn die beiden Brüder darüber nachdenken, was sie mit den kleinen Tieren machen wollen. Die beiden Brüder sind aktiv wie Jungen, die irgendeinen Streich aushecken. Sie wissen eigentlich gar nicht, was sie tun, was sie damit anrichten.
* „Da setzte er sich auf einen Stein und weinte.“: Hier darf eine leichte Verzweiflung durchklingen, die jedoch nicht übertrieben werden sollte.

## Welche Bilder lassen sich in diesem Märchen finden?

Dieses Märchen enthält eine Vielzahl von Bildern, von denen die wichtigsten genannt werden sollten.

In dem Märchen tauchen nacheinander Ameisen, Enten und Bienen auf. Es ist sicherlich gut, wenn die Kinder diese Tiere zuvor einmal gesehen und diese vor dem Erzählen oder Vorlesen schon einmal (achtsam) beobachten durften.

Zudem ist es für Kinder wichtig, eine Vorstellung von folgenden Bildern zu haben: Schloss, Türschlösser, Moos im Wald, Perlen, Schlüssel.

*(vgl. Betz, 6. Aufl., 1988, S. 99 f.)*

## Welche Wirkung kann das Märchen auf die Kinder ausüben?

Indirekt erfahren die Kinder durch dieses Märchen, dass es wichtig ist, die Natur als Ganzes zu schützen, dass wir achtsam mit unseren natürlichen Ressourcen umgehen müssen, dass jedes Lebewesen seinen Platz im Kreislauf der Natur hat – Pflanzen, Tiere und Menschen. Alle sind voneinander abhängig, brauchen sich gegenseitig, stehen in Wechselbeziehungen zueinander. Verändert sich etwas in einem Bereich, wirkt sich dies auf die anderen beiden Lebensbereiche aus, und das Ganze gerät aus dem Gleichgewicht.

Kinder, die die Schönheit der Natur und das Schützenswerte der Natur bewusst und achtsam wahrnehmen, werden vielleicht auch als Erwachsene dem Umweltschutz aufgeschlossen gegenüberstehen

Zudem werden die Kinder aus diesem Märchen mitnehmen, dass es wichtig ist, in heiklen Situationen innezuhalten und nicht unüberlegt zu handeln.

*(vgl. Betz, 6. Aufl., 1988, S. 102)*

**Die Bienenkönigin**

Zwei Königssöhne gingen einmal auf Abenteuer und gerieten in ein wildes, wüstes Leben, so daß sie gar nicht wieder nach Haus kamen.
Der jüngste, welcher der Dummling hieß, machte sich auf und suchte seine Brüder; aber wie er sie endlich fand, verspotteten sie ihn, daß er mit seiner Einfalt sich durch die Welt schlagen wollte, und sie zwei könnten nicht durchkommen, und wären doch viel klüger.
Sie zogen alle drei miteinander fort und kamen an einen Ameisenhaufen. Die zwei ältesten wollten ihn aufwühlen und sehen, wie die kleinen Ameisen in der Angst herumkröchen und ihre Eier forttrügen, aber der Dummling sagte: „Laßt die Tiere in Frieden, ich leid´s nicht, daß ihr sie stört." Da gingen sie weiter und kamen an einen See, auf dem schwammen viele, viele Enten. Die zwei Brüder wollten ein paar fangen und braten, aber der Dummling ließ es nicht zu und sprach: „Laßt die Tiere in Frieden, ich leid´s nicht, daß ihr sie tötet."

Endlich kamen sie an ein Bienennest, darin war soviel Honig, daß er am Stamm herunterlief. Die zwei wollten Feuer unter den Baum legen und die Bienen ersticken, damit sie den Honig wegnehmen könnten.
Der Dummling hielt sie aber wieder ab und sprach: „Laßt die Tiere in Frieden, ich leid's nicht, daß ihr sie verbrennt."
Endlich kamen die drei Brüder in ein Schloß, wo in den Ställen lauter steinerne Pferde standen, auch war kein Mensch zu sehen, und sie gingen durch alle Säle, bis sie vor eine Tür ganz am Ende kamen, davor hingen drei Schlösser; es war aber mitten in der Türe ein Lädlein, dadurch konnte man in die Stube sehen. Da sahen sie ein graues Männchen, das an einem Tisch saß.
Sie riefen es an, einmal, zweimal, aber es hörte nicht; endlich riefen sie zum drittenmal, da stand es auf, öffnete die Schlösser und kam heraus. Es sprach aber kein Wort, sondern führte sie zu einem reich besetzten Tisch; und als sie gegessen und getrunken hatten, brachte es einen jeglichen in sein eigenes Schlafgemach.
Am andern Morgen kam das graue Männchen zu dem Ältesten, winkte und leitete ihn zu einer steinernen Tafel, darauf standen drei Aufgaben geschrieben, wodurch das Schloß erlöst werden könnte.
Die erste war, in dem Wald unter dem Moos lagen die Perlen der Königstochter, tausend an der Zahl, die mußten aufgesucht werden, und wenn vor Sonnenuntergang noch eine einzige fehlte, so ward der, welcher gesucht hatte, zu Stein.
Der älteste ging hin und suchte den ganzen Tag, als aber der Tag zu Ende war, hatte er erst hundert gefunden; es geschah, wie auf der Tafel stand,

er ward in Stein verwandelt.

Am folgenden Tag unternahm der zweite Bruder das Abenteuer; es ging ihm aber nicht viel besser als dem ältesten, er fand nicht mehr als zweihundert Perlen und ward zu Stein.

Endlich kam auch an den Dummling die Reihe, der suchte im Moos, es war aber so schwer, die Perlen zu finden, und ging so langsam. Da setzte er sich auf einen Stein und weinte.

Und wie er so saß, kam der Ameisenkönig, dem er einmal das Leben erhalten hatte, mit fünftausend Ameisen, und es währte gar nicht lange, so hatten die kleinen Tiere die Perlen miteinander gefunden und auf einen Haufen getragen.

Die zweite Aufgabe aber war, den Schlüssel zu der Schlafkammer der Königstochter aus der See zu holen.

Wie der Dummling zur See kam, schwammen die Enten, die er einmal gerettet hatte, heran, tauchten unter und holten den Schlüssel aus der Tiefe.

Die dritte Aufgabe aber war die schwerste, aus den drei schlafenden Töchtern des Königs sollte die jüngste und die liebste herausgesucht werden. Sie glichen sich aber vollkommen, und waren durch nichts verschieden, als daß sie, bevor sie eingeschlafen waren, verschiedene Süßigkeiten gegessen hatten, die älteste ein Stück Zucker, die zweite ein wenig Sirup, die jüngste einen Löffel voll Honig.

Da kam die Bienenkönigin von den Bienen, die der Dummling vor dem Feuer geschützt hatte, und versuchte den Mund von allen dreien, zuletzt blieb sie auf dem Mund sitzen, der Honig gegessen hatte, und so erkannte der Königssohn die rechte. Da war der Zauber vorbei, alles war aus dem Schlaf erlöst, und wer von Stein war, erhielt seine menschliche Gestalt wieder. Und der Dummling vermählte sich mit der jüngsten und liebsten, und ward König nach ihres Vaters Tod; seine zwei Brüder aber erhielten die beiden andern Schwestern.

*(Uther, Hans-Jörg (Hrsg.): Brüder Grimm Kinder und Hausmärchen, Zweiter Band, Märchen Nr. 61–144, 2. Auflage, Diedrichs Verlag München, S. 15 ff.)*

### Mögliche Gesprächsimpulse zum Märchen

* Wieso haben die kleinen Tiere dem jüngsten Bruder geholfen?
* Wann sollten wir Tiere in Ruhe lassen?
* Gibt es Situationen, in denen wir Tieren helfen können/sollen?

### Abschluss der Märchenstunde

#### Wahrnehmungsspiel „Perlen im Moos“

**Alter der Mitspieler:** ab 5 Jahre

**Anzahl der Mitspieler:** höchstens 8 Kinder

**Spieldauer:** ca. 10 Minuten

**Material:** ein großer Karton mit Moos und anderen Naturmaterialien aus dem Wald, Perlen, Schälchen und Bänder zum Auffädeln für jedes Kind, MP3-Datei mit Waldgeräuschen, Augenbinden

Die Perlen werden in dem großen Karton, der mit Moos und anderen Naturmaterialien aus dem Wald ausgelegt worden ist, verteilt. Die Kinder sitzen mit verbundenen Augen um den Karton. Die Erzieherin teilt den Kindern mit, wie viele Perlen jeder suchen soll. Zum Klang der Waldgeräusche beginnt nun die Suche nach den Perlen. Dabei ist es wichtig, achtsam miteinander umzugehen, damit jeder die gleiche Chance hat, Perlen zu finden. Wer seine Perlen gefunden hat, nimmt die Augenbinde ab und darf den suchenden Kindern Tipps geben, damit jeder recht zügig seine Perlen sammeln kann. Zum Schluss dürfen die Kinder eine Perlenkette auffädeln.

*(vgl. Wedra/Greiner-Burkert, 2014, S. 105)*

## 2.4.13 Der süße Brei

*(Brüder Grimm: KHM 103)*

### Worum es in diesem Märchen geht

Ein kleines Mädchen lebt mit seiner Mutter zusammen und beide leiden Hunger. Als das Mädchen eines Tages im Wald auf eine alte Frau trifft, schenkt diese ihm ein Töpfchen, das immerzu süßen Hirsebrei kocht, wenn man ihm nur sagt: „Töpfchen koche!“ Nun müssen das Mädchen und seine Mutter nicht mehr hungern. Als das Mädchen jedoch einmal fortgeht, fordert die Mutter das Töpfchen auf: „Töpfchen koche!“, kann es dann aber nicht mehr anhalten, da sie das entsprechende „Zauberwort“ vergessen hat. Bald ist die ganze Stadt überdeckt von Hirsebrei, bis endlich das Mädchen wieder nach Hause kommt und sagt: „Töpfchen steh." Von nun an muss sich jeder, der wieder in die Stadt will, durch den Hirsebrei durchessen.

Thema dieses kurzen Märchens ist zum einen die Loslösung von der Mutter und die Entdeckung der eigenen Fähigkeiten. Andererseits geht es hier um Achtsamkeit beziehungsweise Unachtsamkeit, wenn vorschnell, ohne nachzudenken oder auch aus Gier gehandelt wird und der Überfluss schließlich nicht mehr beherrscht werden kann. Oft bedarf es dann einer neuen Generation, die vielleicht – unbedarft und unbefangen – Wege für einen Neuanfang findet und so bedrohliche Situationen meistern kann und das richtige Maß findet.

*(vgl. Knoch, 2013, S. 25)*

## Wie ist die Grundstimmung dieses Märchens? Was gibt es beim Erzählen zu beachten?

Es ist darauf zu achten, dass das Märchen nicht zu dramatisch erzählt wird. Ein sachlich-verhaltener Grundton eignet sich hier am besten.

## Welche Bilder lassen sich in diesem Märchen finden?

Die Symbolfigur „alte Frau" verkörpert die Hilfen, die uns in Krisenzeiten zur Verfügung stehen. Sie zeigt sich hier als die Nahrung gebende Helferin, die die bedrohliche Lage kennt, und auf die in Notsituationen zurückgegriffen werden kann.

Der überquellende Brei könnte vor dem Erzählen durch das Kochen eines Breis sehr schön veranschaulicht werden. Beim Kochen ist Achtsamkeit notwendig, denn Milch kocht sehr schnell über und es gilt, das angemessene Maß zu finden, den Brei in rechter Weise quellen zu lassen und gleichzeitig aufzupassen, dass nichts überkocht.

## Welche Wirkung kann das Märchen auf die Kinder ausüben?

Direkt erfahren die Kinder, dass alles seine zwei Seiten hat. Das Nahrung spendende, eigentlich Gute kann sich an einem bestimmten Punkt ins Gegenteilige verkehren und erdrückend wirken, uns überschwemmen. Deshalb ist es wichtig, zu wissen, dass Aufhören manches Mal der einzig richtige Weg sein kann.

Indirekt wird sichtbar, dass unüberlegtes Handeln, also, etwas zu tun, wovon man nichts versteht, schlimme Folgen haben kann.

*(vgl. Betz: 6. Aufl., München 1988, S.53 f.)*

## Märchentext zum Erzählen oder Vorlesen

**Der süße Brei**
Es war einmal ein armes frommes Mädchen, das lebte mit seiner Mutter allein und sie hatten nichts mehr zu essen.

Da ging das Kind hinaus in den Wald, und begegnete ihm da eine alte Frau, die wußte seinen Jammer schon und schenkte ihm ein Töpfchen, zu dem sollt' es sagen: „Töpfchen, koche", so kochte es guten süßen Hirsenbrei, und wenn es sagte: „Töpfchen, steh", so hörte es wieder auf zu kochen.
Das Mädchen brachte den Topf seiner Mutter heim, und nun waren sie ihrer Armut und ihres Hungers ledig und aßen süßen Brei, sooft sie wollten.

Auf eine Zeit war das Mädchen ausgegangen, da sprach die Mutter: „Töpfchen, koche", da kocht es, und sie ißt sich satt; nun will sie, daß es wieder aufhören soll aber sie weiß das Wort nicht.
Also kocht es fort, und der Brei steigt über den Rand hinaus und kocht immerzu, die Küche und das ganze Haus voll, und das zweite Haus und dann die Straße, als wollt's die ganze Welt satt machen und ist die größte Not, und kein Mensch weiß sich da zu helfen.

Endlich, wie nur noch ein einziges Haus übrig ist, da kommt das Kind heim, und spricht nur: „Töpfchen, steh", da steht es und hört auf zu kochen; und wer wieder in die Stadt wollte, der mußte sich durchessen.

*(Uther, Hans-Jörg (Hrsg.): Brüder Grimm Kinder und Hausmärchen, Zweiter Band, Märchen Nr. 61–144, 2. Aufl., München, Diedrichs Verlag, S. 184 f.)*

## Mögliche Gesprächsimpulse zum Märchen

* Was ist gut daran, diesen Topf, der jederzeit kocht, zu haben, was schlecht?
* Habt ihr auch schon einmal Ähnliches erlebt, vielleicht dass etwas übergekocht ist, überschwemmt wurde? Erzählt einmal!
* Was meint ihr, was geschieht jetzt mit dem Brei? Was würdet ihr damit machen?

## Abschluss der Märchenstunde

Die Kinder setzen ihre Ideen zum letzten Gesprächsimpuls bildnerisch um.

### 2.4.14 Frau Holle

*(Brüder Grimm: KHM 24)*

## Worum es in diesem Märchen geht

Eine Witwe lebt mit ihrer Stieftochter und mit ihrer leiblichen Tochter zusammen. Die Stiefmutter verlangt von ihrer Stieftochter sehr viel mehr als von ihrer leiblichen Tochter.

Als dem Mädchen dann einmal die Spule in den Brunnen fällt, zwingt sie es dazu, in den Brunnen hinabzuspringen, um sie wieder zu holen.

Nach dem Sprung in den Brunnen befindet sich das Mädchen auf einer Wiese, geht weiter und erfüllt auf seinem Weg die Aufgaben, die ihm nach und nach gestellt werden:

Es rettet das fertig gebackene Brot vor dem Verbrennen und schüttelt einen Baum mit reifen Äpfeln. Zuletzt trifft es auf Frau Holle, eine „alte Frau", die „große Zähne hat". Es begibt sich in ihren Dienst, macht alles, was von ihm verlangt wird, vor allem schüttelt es Frau Holles Betten auf, damit es auf der Erde schneien kann.

Nach einiger Zeit bekommt es trotz der guten Behandlung durch Frau Holle Heimweh und bittet sie, gehen zu dürfen. Als Lohn für seine Arbeit wird es zum Abschied mit einem Goldregen überschüttet und erhält die Spule zurück, die ihm in den Brunnen gefallen war. Zu Hause angekommen wird es vom Hahn mit: „Kikeriki! Unsere goldene Jungfrau ist wieder hie!" begrüßt.

Daraufhin begibt sich die hässliche und faule Stiefschwester auf den gleichen Weg, erfüllt allerdings keine der Aufgaben, die ihr auf dem Weg gestellt werden und erledigt auch ihre Arbeiten bei Frau

Holle nicht entsprechend. Schließlich entlässt Frau Holle sie und bestraft sie mit einem lebenslang an ihr haftenden „Pechregen".

Dieses Märchen thematisiert, dass absichtsloser Fleiß und Geduld, das heißt, die Bereitschaft, dem Leben zu dienen, sich auszahlen, während Faulheit oder berechnendes Handeln meist nicht zur Lebenserfüllung führen.

## Wie ist die Grundstimmung dieses Märchens? Was gibt es beim Erzählen zu beachten?

Dieses Märchen verlangt eine schlichte Sprache, ohne Moral und Bewertung der einzelnen Handelnden. Es darf Zuversicht durchklingen, dass alles gut wird, wenn man nur das Richtige tut.

**ACHTSAMKEIT**

**Wir dürfen uns als Erzählende nicht durch unser Erzählen „auf die Seite der schönen und fleißigen Tochter schlagen". Damit bewerten wir und nehmen den kleinen Zuhörern die Chance, aus dem Märchen mitzunehmen, was sie mitnehmen möchten.**

**In erster Linie wird hier der Gerechtigkeitssinn der Kinder angesprochen, ohne dass diese sich gleich über das widerfahrene Pech freuen müssen, denn jeder Mensch hat beide Anteile in sich: schöne und hässliche.**

## Welche Bilder lassen sich in diesem Märchen finden?

Die für die Kinder zentralen Bilder dieses Märchens sind der Gold- und der Pechregen. Sie stehen für gute bzw. böse Eigenschaften und äußern sich in „schönem" und „hässlichem" Handeln und den daraus folgenden Konsequenzen.

*(vgl. Knoch. 2013, S. 142)*

## Welche Wirkung kann das Märchen auf die Kinder ausüben?

Die Kinder hören, dass nur derjenige glücklich werden kann, der auch das Notwendige tut, und dies absichtslos und freiwillig, ohne gleich an eine Belohnung zu denken. Wer sich hingegen nur vom Leben bedienen lässt, vielleicht hin und wieder ihm Aufgetragenes schnell erledigt, aber dies auch nur aus Berechnung, und ungeduldig auf eine Belohnung wartet, kann nicht wirklich glücklich werden.

Sie spüren instinktiv: „Jeder ist für sein Handeln und letztendlich sein Lebensglück selbst verantwortlich."

Märchentext zum Erzählen oder Vorlesen

**Frau Holle**
Eine Witwe hatte zwei Töchter, davon war die eine schön und fleißig, die andere häßlich und faul. Sie hatte aber die häßliche und faule, weil sie ihre rechte Tochter war, viel lieber und die andere mußte alle Arbeit tun und der Aschenputtel im Hause sein.
Das arme Mädchen mußte sich täglich auf die große Straße bei einem Brunnen setzen, und mußte so viel spinnen, daß ihm das Blut aus den Fingern sprang.

Nun trug es sich zu, daß die Spule einmal ganz blutig war, da bückte es sich damit in den Brunnen und wollte sie abwaschen; sie sprang ihm aber aus der Hand und fiel hinab. Es weinte, lief zur Stiefmutter und erzählte ihr das Unglück. Sie schalt es aber so heftig und war so unbarmherzig, daß sie sprach: „Hast du die Spule hinunterfallen lassen, so hol sie auch wieder herauf."
Da ging das Mädchen zu dem Brunnen zurück und wußte nicht, was es anfangen sollte; und in seiner Herzensangst sprang es in den Brunnen hinein, um die Spule zu holen. Es verlor die Besinnung, und als es erwachte und wieder zu sich selber kam, war es auf einer schönen Wiese, wo die Sonne schien und vieltausend Blumen standen. Auf dieser Wiese ging es fort und kam zu einem Backofen, der war voller Brot; das Brot aber rief:

„Ach, zieh mich raus,
Zieh mich raus,
Sonst verbrenn ich:
Ich bin schon längst ausgebacken."

Da trat es herzu, und holte mit dem Brotschieber alles nacheinander heraus. Danach ging es weiter und kam zu einem Baum, der hing voll Äpfel und rief ihm zu:

„Ach schüttel mich,
Schüttel mich,
Wir Äpfel sind alle miteinander reif."

Da schüttelte es den Baum, daß die Äpfel fielen, als regneten sie, und schüttelte, bis keiner mehr oben war; und als es alle in einen Haufen zusammengelegt hatte, ging es wieder weiter.

Endlich kam es zu einem kleinen Haus, daraus guckte eine alte Frau, weil sie aber so große Zähne hatte, ward ihm angst, und es wollte fortlaufen. Die alte Frau aber rief ihm nach: „Was fürchtest du dich, liebes Kind? Bleib bei mir, wenn du alle Arbeit im Hause ordentlich tun willst, so soll dir's gut gehn. Du mußt nur achtgeben, daß du mein Bett gut machst und es fleißig aufschüttelst, daß die Federn fliegen, dann schneit es in der Welt; ich bin die Frau Holle."

Weil die Alte ihm so gut zusprach, so faßte sich das Mädchen ein Herz, willigte ein und begab sich in ihren Dienst. Es besorgte auch alles nach ihrer Zufriedenheit, und schüttelte ihr das Bett immer gewaltig auf, daß die Federn wie Schneeflocken umherflogen; dafür hatte es auch ein gut Leben bei ihr, kein böses Wort und alle Tage Gesottenes und Gebratenes.

Nun war es eine Zeitlang bei der Frau Holle, da ward es traurig und wußte anfangs selbst nicht, was ihm fehlte, endlich merkte es, daß es Heimweh war; ob es ihm hier gleich vieltausendmal besser ging als zu Hause, so hatte es doch ein Verlangen dahin. Endlich sagte es zu ihr: „Ich habe den Jammer nach Haus kriegt, und wenn es mir auch noch so gut hier unten geht, so kann ich doch nicht länger bleiben, ich muß wieder hinauf zu den Meinigen."

Die Frau Holle sagte: „Es gefällt mir, daß du wieder nach Hause verlangst, und weil du mir so treu gedient hast, so will ich dich selbst wieder hinaufbringen." Sie nahm es darauf bei der Hand und führte es vor ein großes Tor. Das Tor ward aufgetan, und wie das Mädchen gerade darunterstand, fiel ein gewaltiger Goldregen, und alles Gold blieb an ihm hängen, so daß es über und über davon bedeckt war.

„Das sollst du haben, weil du so fleißig gewesen bist", sprach die Frau Holle und gab ihm auch die Spule wieder, die ihm in den Brunnen gefallen war. Darauf ward das Tor verschlossen, und das Mädchen befand sich oben auf der Welt, nicht weit von seiner Mutter Haus; und als es in den Hof kam, saß der Hahn auf dem Brunnen und rief:

„Kikeriki,
Unsere goldene Jungfrau ist wieder hie."

Da ging es hinein zu seiner Mutter, und weil es so mit Gold bedeckt ankam, ward es von ihr und der Schwester gut aufgenommen. Das Mädchen erzählte alles, was ihm begegnet war, und als die Mutter hörte, wie es zu dem großen Reichtum gekommen war, wollte sie der andern häßlichen und faulen Tochter gerne dasselbe Glück verschaffen. Sie mußte sich an den Brunnen setzen und spinnen; und damit ihre Spule blutig ward, stach sie sich in die Finger und stieß sich die Hand in die Dornhecke.

Dann warf sie die Spule in den Brunnen und sprang selber hinein. Sie kam, wie die andere, auf die schöne Wiese und ging auf demselben Pfade weiter. Als sie zu dem Backofen gelangte, schrie das Brot wieder:

„Ach, zieh mich raus,
Zieh mich raus,
Sonst verbrenn ich:
Ich bin schon längst ausgebacken."

Die Faule aber antwortete: „Da hätt ich Lust, mich schmutzig zu machen", und ging fort. Bald kam sie zu dem Apfelbaum, der rief:

„Ach schüttel mich,
Schüttel mich,
Wir Äpfel sind alle miteinander reif."

Sie antwortete aber: „Du kommst mir recht, es könnte mir einer auf den Kopf fallen", und ging damit weiter. Als sie vor der Frau Holle Haus kam, fürchtete sie sich nicht, weil sie von ihren großen Zähnen schon gehört hatte, und verdingte sich gleich zu ihr.
Am ersten Tag tat sie sich Gewalt an, war fleißig und folgte der Frau Holle, wenn sie ihr etwas sagte, denn sie dachte an das viele Gold, das sie ihr schenken würde; am zweiten Tag aber fing sie schon an zu faulenzen, am dritten noch mehr, da wollte sie morgens gar nicht aufstehen.
Sie machte auch der Frau Holle das Bett nicht, wie sich's gebührte, und schüttelte es nicht, daß die Federn aufflogen. Das ward die Frau Holle bald müde und sagte ihr den Dienst auf.
Die Faule war das wohl zufrieden und meinte, nun würde der Goldregen kommen; die Frau Holle führte sie auch zu dem Tor, als sie aber darunterstand, ward statt des Goldes ein großer Kessel voll Pech ausgeschüttet. „Das ist zur Belohnung deiner Dienste", sagte die Frau Holle und schloß das Tor zu.
Da kam die Faule heim, aber sie war ganz mit Pech bedeckt, und der Hahn auf dem Brunnen, als er sie sah, rief:

„Kikeriki,
Unsere schmutzige Jungfrau ist wieder hie."

Das Pech aber blieb fest an ihr hängen und wollte, solange sie lebte, nicht abgehen.

*(Uther, Hans-Jörg (Hrsg.): Brüder Grimm Kinder und Hausmärchen, Erster Band, Märchen Nr. 1–60, 2. Aufl., Diedrichs Verlag München, 1996, S. 134 ff.)*

## Mögliche Gesprächsimpulse zum Märchen

* Wieso ist es notwendig, dem Brot und den Äpfeln zu helfen?
* Welche Aufgaben erfüllt das eine Mädchen und das andere nicht?
* Habt ihr euch einmal ähnlich verhalten wie die beiden Mädchen? Erzählt doch einmal, wie es euch damit ging.

## Abschluss der Märchenstunde

### „Was haben wir schon weggeräumt?“

**Material:** 10–15 Alltagsgegenstände aus der unmittelbaren Umgebung (vielleicht auch einige Gegenstände, die beim Aufräumen liegen geblieben sind)

Die Erzieherin legt die Alltagsgegenstände aus, die sich alle Kinder einige Minuten anschauen. Dann bittet sie alle, die Augen zu schließen. Sie nimmt einen Gegenstand weg und legt ihn an seinen richtigen Platz zurück. Nun muss erraten werden, welcher Gegenstand fehlt und wo er sich jetzt (nach dem Aufräumen) befindet. Derjenige, der den Gegenstand benennt, darf den nächsten Gegenstand entfernen und richtig wegräumen.

*(vgl. Medla/Reinemer, 2014, S. 163)*

## 2.4.15 Der Froschkönig oder der eiserne Heinrich

*(Brüder Grimm: KHM 1)*

## Worum es in diesem Märchen geht

Die jüngste Tochter des Königs spielt am liebsten im Wald, in der Nähe eines Brunnens mit ihrer goldenen Kugel. Einmal fällt diese in den Brunnen hinab. Die Königstochter ist untröstlich, jammert und klagt über den Verlust ihres schönen Spielzeugs. Da taucht ein Frosch am Brunnen auf und bietet an, die Kugel aus dem Brunnen zu holen. Allerdings verlangt er dafür eine Gegenleistung: Er möchte Spielkamerad der Königstochter werden, mit ihr zusammen essen und in ihrem Bett schlafen.

Leichtfertig verspricht die Königstochter dem Frosch alles, was er verlangt, ist sich jedoch sicher, ihr Versprechen nicht einlösen zu müssen.

Sie nimmt seine Hilfe an und erhält ihre Kugel zurück.

Am nächsten Tag hat sie bereits vergessen, was sie versprochen hat. Als der Frosch dann ins Schloss kommt, verlangt der König von seiner Tochter, dass sie ihr Versprechen einlöst. Widerwillig teilt sie ihr

Essen mit dem Frosch und trägt ihn auch auf Befehl ihres Vaters in ihre Kammer. Als der Frosch aber verlangt, in ihrem Bett zu schlafen, wirft sie das Tier mit aller Kraft gegen die Wand. Daraufhin verwandelt sich der Frosch augenblicklich in einen schönen Königssohn, der ihr seine Geschichte erzählt. Er wurde von einer bösen Hexe in einen Frosch verwandelt und nur sie (die Königstochter) hätte ihn erlösen können.

Am nächsten Morgen hält eine Kutsche vor dem Schloss, mit welcher der Diener des Königssohns, der treue Heinrich, die beiden abholt. Der treue Heinrich konnte sich nicht mit der Verwandlung seines Herrn abfinden, sodass er um sein Herz seit dieser Zeit drei eiserne Ketten gebunden hat. Auf der Fahrt zum Schloss hört der Königssohn dreimal ein lautes Krachen, und die Ketten springen vom Herzen des treuen Heinrichs ab, der nun überglücklich über die Erlösung seines Herrn ist.

Dieses Märchen ist moralisch stark geprägt und enthält für die Kinder die unmissverständliche Botschaft, dass gegebene Versprechen jedem, selbst einem Tier gegenüber, eingehalten werden müssen.

Für den erwachsenen Hörer schwingen zudem deutlich die Themen Sexualität und damit verbundene Angstgefühle mit, die es zu überwinden gilt, was von den Kindern jedoch noch nicht wahrgenommen wird.

*(vgl. Röhrich, 1999, S. 35)*

Am Ende des Märchens zeigt sich, dass der Übergang von einem Zustand in einen neuen durch dreifache Erlösung geschieht:

* Die Königstochter hat ihre Identität gefunden,
* der Tierprinz ist von der Verwünschung befreit und
* den treuen Heinrich erlöst die Freude über die Erlösung und das Glück seines Herrn.

*(vgl. Heindrichs, 2000, S. 17)*

## Wie ist die Grundstimmung dieses Märchens? Worauf ist beim Erzählen zu achten?

Das Märchen in seiner jetzigen Fassung unterscheidet sich stark von seiner eher schlichten Ursprungsfassung (siehe hierzu Rölleke, 2017,

S. 45/46). Die Brüder Grimm, beziehungsweise in erster Linie Wilhelm Grimm, haben durch bewusst eingesetzte Stilmittel, wie beispielsweise die Einführung von Dialogpassagen in wörtlicher Rede und für Volksmärchen eher untypische Naturbeschreibungen das Märchen so poetisch gestaltet, dass dies auch im Grundton mitklingen darf. Ein lyrisch romantischer Grundton ist somit beim Vortrag des Märchens zu empfehlen.

Die Worte des Königs müssen glaubhaft und überzeugend gesprochen werden. Wir müssen uns seine Position als König und liebenden Vater zugleich vergegenwärtigen, um ihn überzeugend auftreten zu lassen.

Als König ist es seine Aufgabe, jeden, auch sein eigenes Kind, daran zu erinnern, dass Versprechen strikt einzuhalten sind. Deshalb wird er entschieden und männlich gesprochen, das heißt, im Rachen und durch Senken der Stimme zum Ende jeder Aussage; gleichzeitig jedoch nicht zu hart, um auch den liebenden Vater heraushören zu können.

**TIPP**

Probieren Sie das königliche Sprechen öfter, indem Sie sich z. B. eine Krone aufsetzen, sich erhöht und aufrecht hinsetzen (Thron), etwas vorlesen und sich dabei vorstellen, Sie würden Ihre Worte an „Ihr Volk“ richten.

## Welche Bilder lassen sich in diesem Märchen finden?

Der Frosch ist ein allseits beliebtes Märchenmotiv. Frösche können sowohl im Wasser als auch an Land leben. Es ist beeindruckend zu beobachten, wie er sich vom Wassertier (Kaulquappe) zu einem Landtier verwandelt. Er ist somit das Wandlungssymbol schlechthin. Wo immer ein Frosch im Märchen auftaucht, wird sich etwas wandeln, entwickeln, wie auch in diesem Märchen.

*(vgl. Betz, 6. Aufl., 1988, S. 94 f.)*

Weiterhin spielt das Bild der goldenen Kugel eine entscheidende Rolle. Bruno Bettelheim schreibt hierzu:

*„Alles geschieht wegen des Balls. Dieser ist in doppelter Weise ein Symbol der Vollkommenheit: einmal als Kugel und dann,*

*weil er aus Gold, dem kostbarsten Material, besteht. Der Ball steht für eine noch unentwickelte narzißtische Psyche: er enthält alle noch nicht realisierten Möglichkeiten."*

*(Bettelheim, 30. Aufl., 2011, S. 337)*

So steht die Kugel hier für den Entwicklungsabschnitt „Kindheit", der mit deren Verlust endet.

## Welche Wirkung kann das Märchen auf die Kinder ausüben?

Kinder werden aus diesem Märchen mitnehmen, dass man sein Versprechen einhalten muss.

## Märchentext zum Erzählen oder Vorlesen

**Der Froschkönig oder der eiserne Heinrich**

In den alten Zeiten, wo das Wünschen noch geholfen hat, lebte ein König, dessen Töchter waren alle schön, aber die jüngste war so schön, daß die Sonne selber, die doch so vieles gesehen hat, sich verwunderte, sooft sie ihr ins Gesicht schien.

Nahe bei dem Schlosse des Königs lag ein großer dunkler Wald, und in dem Walde unter einer alten Linde war ein Brunnen;

wenn nun der Tag recht heiß war, so ging das Königskind hinaus in den Wald und setzte sich an den Rand des kühlen Brunnens; und wenn es Langeweile hatte, so nahm es eine goldene Kugel, warf sie in die Höhe und fing sie wieder; und das war sein liebstes Spielwerk.

Nun trug es sich einmal zu, daß die goldene Kugel der Königstochter nicht in ihr Händchen fiel, das sie in die Höhe gehalten hatte, sondern vorbei auf die Erde schlug und geradezu ins Wasser hineinrollte. Die Königstochter folgte ihr mit den Augen nach, aber die Kugel verschwand, und der Brunnen war tief, so tief, daß man keinen Grund sah. Da fing sie an zu weinen und weinte immer lauter und konnte sich gar nicht trösten. Und wie sie so klagte, rief ihr jemand zu: „Was hast du vor, Königstochter, du schreist ja dass sich ein Stein erbarmen möchte."

Sie sah sich um, woher die Stimme käme, da erblickte sie einen Frosch, der seinen dicken häßlichen Kopf aus dem Wasser streckte. „Ach, du bist's, alter Wasserpatscher", sagte sie, „ich weine über meine goldene Kugel, die mir in den Brunnen hinabgefallen ist."

„Sei still und weine nicht", antwortete der Frosch, „ich kann wohl Rat schaffen, aber was gibst du mir, wenn ich dein Spielwerk wieder heraufhole?"

„Was du haben willst, lieber Frosch", sagte sie, „meine Kleider, meine Perlen und Edelsteine, auch noch die goldene Krone, die ich trage."

Der Frosch antwortete: „Deine Kleider, deine Perlen und Edelsteine und deine goldene Krone, die mag ich nicht; aber wenn du mich lieb haben willst, und ich soll dein Geselle und Spielkamerad sein, an deinem Tischlein neben dir sitzen, von deinem goldenen Tellerlein essen, aus deinem Becherlein trinken, in deinem Bettlein schlafen: wenn du mir das versprichst, so will ich hinuntersteigen und dir die goldene Kugel wieder heraufholen."

„Ach ja", sagte sie, „ich verspreche dir alles, was du willst, wenn du mir nur die Kugel wiederbringst."

Sie dachte aber: Was der einfältige Frosch schwätzt, der sitzt im Wasser bei seinesgleichen und quakt, und kann keines Menschen Geselle sein.

Der Frosch, als er die Zusage erhalten hatte, tauchte seinen Kopf unter, sank hinab, und über ein Weilchen kam er wieder heraufgerudert, hatte die Kugel im Maul und warf sie ins Gras.
Die Königstochter war voll Freude, als sie ihr schönes Spielwerk wieder erblickte, hob es auf und sprang damit fort.
„Warte, warte", rief der Frosch, „nimm mich mit, ich kann nicht so laufen wie du."
Aber was half ihm, daß er ihr sein Quak, quak so laut nachschrie, als er konnte! Sie hörte nicht darauf, eilte nach Haus und hatte bald den armen Frosch vergessen, der wieder in seinen Brunnen hinabsteigen mußte.
Am andern Tage, als sie mit dem König und allen Hofleuten sich zur Tafel gesetzt hatte und von ihrem goldenen Tellerlein aß, da kam, plitsch, platsch, plitsch platsch, etwas die Marmortreppe heraufgekrochen, und als es oben angelangt war, klopfte es an der Tür und rief: „Königstochter, jüngste, mach mir auf."
Sie lief und wollte sehen, wer draußen wäre, als sie aber aufmachte, so saß der Frosch davor. Da warf sie die Tür hastig zu, setzte sich wieder an den Tisch, und war ihr ganz angst. Der König sah wohl, daß ihr das Herz gewaltig klopfte, und sprach: „Mein Kind, was fürchtest du dich, steht etwa ein Riese vor der Tür und will dich holen?"
„Ach nein", antwortete sie, „es ist kein Riese, sondern ein garstiger Frosch."
„Was will der Frosch von dir?"
„Ach lieber Vater, als ich gestern im Wald bei dem Brunnen saß und spielte, da fiel meine goldene Kugel ins Wasser. Und weil ich so weinte, hat sie der Frosch wieder heraufgeholt, und weil er es durchaus verlangte, so versprach ich ihm, er sollte mein Geselle werden, ich dachte aber nimmermehr, daß er aus seinem Wasser heraus könnte. Nun ist er draußen und will zu mir herein." Indem klopfte es zum zweitenmal und rief:

„Königstochter, jüngste,
Mach mir auf,
Weißt du nicht, was gestern
Du zu mir gesagt
Bei dem kühlen Brunnenwasser?
Königstochter, jüngste,
Mach mir auf!"

Da sagte der König: „Was du versprochen hast, das mußt du auch halten; geh nur und mach ihm auf."

Sie ging und öffnete die Türe, da hüpfte der Frosch herein, ihr immer auf dem Fuße nach, bis zu ihrem Stuhl. Da saß er und rief: „Heb mich herauf zu dir." Sie zauderte, bis es endlich der König befahl. Als der Frosch erst auf dem Stuhl war, wollte er auf den Tisch, und als er da saß, sprach er: „Nun schieb mir dein goldenes Tellerlein näher, damit wir zusammen essen." Das tat sie zwar, aber man sah wohl, daß sie's nicht gerne tat. Der Frosch ließ sich's gut schmecken, aber ihr blieb fast jedes Bißlein im Halse. Endlich sprach er: „Ich habe mich satt gegessen und bin müde, nun trag mich in dein Kämmerlein und mach dein seiden Bettlein zurecht, da wollen wir uns schlafen legen." Die Königstochter fing an zu weinen und fürchtete sich vor dem kalten Frosch, den sie nicht anzurühren getraute, und der nun in ihrem schönen reinen Bettlein schlafen sollte.
Der König aber ward zornig und sprach: „Wer dir geholfen hat, als du in der Not warst, den sollst du hernach nicht verachten."
Da packte sie ihn mit zwei Fingern, trug ihn hinauf und setzte ihn in eine Ecke. Als sie aber im Bette lag, kam er gekrochen und sprach: „Ich bin müde, ich will schlafen so gut wie du: heb mich herauf, oder ich sag's deinem Vater." Da ward sie erst bitterböse, holte ihn herauf und warf ihn aus allen Kräften wider die Wand. „Nun wirst du Ruhe haben, du garstiger Frosch." Als er aber herabfiel, war er kein Frosch, sondern ein Königssohn mit schönen freundlichen Augen. Der war nun nach ihres Vaters Willen ihr lieber Geselle und Gemahl. Da erzählte er ihr, er wäre von einer bösen Hexe verwünscht worden, und niemand hätte ihn aus dem Brunnen erlösen können als sie allein, und morgen wollten sie zusammen in sein Reich gehen. Dann schliefen sie ein, und am andern Morgen, als die Sonne sie aufweckte, kam ein Wagen herangefahren mit acht weißen Pferden bespannt, die hatten weiße Straußfedern auf dem Kopf und gingen in goldenen Ketten, und hinten stand der Diener des jungen Königs, das war der treue Heinrich.
Der treue Heinrich hatte sich so betrübt, als sein Herr war in einen Frosch verwandelt worden, daß er drei eiserne Bande hatte um sein Herz legen lassen, damit es ihm nicht vor Weh und Traurigkeit zerspränge. Der Wagen aber sollte den jungen König in sein Reich abholen; der treue Heinrich hob beide hinein, stellte sich wieder hinten auf und war voller Freude über die Erlösung. Und als sie ein Stück Wegs gefahren waren, hörte der Königssohn, daß es hinter ihm krachte, als wäre etwas zerbrochen. Da drehte er sich um und rief:

„Heinrich, der Wagen bricht."
„Nein, Herr, der Wagen nicht,
Es ist ein Band von meinem Herzen,

Das da lag in großen Schmerzen,
Als Ihr in dem Brunnen saßt,
Als Ihr einen Fretsche (Frosch) wast (wart)."

Noch einmal und noch einmal krachte es auf dem Weg, und der Königssohn meinte immer, der Wagen bräche, und es waren doch nur die Bande, die vom Herzen des treuen Heinrich absprangen, weil sein Herr erlöst und glücklich war.

*(Uther, Hans-Jörg (Hrsg.): Brüder Grimm Kinder und Hausmärchen, Erster Band, Märchen Nr. 1–60, 2. Auflage, Diedrichs Verlag München, 1996, S.7 ff.)*

## Mögliche Gesprächsimpulse zum Märchen

* Wieso verspricht die Königstochter dem Frosch etwas, was sie nicht einhalten möchte?
* Wie geht es euch, wenn euch jemand etwas verspricht und sein Versprechen nicht hält?
* Habt ihr auch schon einmal jemanden an sein Versprechen erinnert wie der Frosch im Märchen?

*(vgl. Medla/Reinemer, 2014, S. 174)*

## Mögliches Spiel zum Märchen

Die goldene Kugel ist in den Brunnen gefallen (pantomimisches Spiel)

**Alter der Mitspieler:** ab 3 Jahren

**Anzahl der Mitspieler:** ab 5

**Spieldauer:** je nach Anzahl der Mitspieler ca. 5 Minuten

**Material:** Papierball, Softball

Alle Kinder sitzen im Kreis, in der Mitte steht ein Papierkorb.

Ein auserwähltes Kind hat „die goldene Kugel“ in der Hand (Softball), geht in die Kreismitte wirft sie in den „Brunnen“ (Papierkorb) und ruft: „Hilfe, die goldene Kugel ist in den Brunnen gefallen!“ Daraufhin ruft die Gruppe: „Wer soll sie herausholen!“ Das Kind in der Mitte sagt z. B.: „**Wer mir verspricht**, ... (ganz leise, laut, zappelig, schläfrig usw.) zu sein.“ Alle versuchen, dieses „Versprechen einzuhalten“. Das Kind am „Brunnen“ sucht dann aus, wer als Nächstes die „goldene Kugel“ in den „Brunnen“ werfen darf.

## 2.5 Märchen in Leichter Sprache und Märchenspiele für Kinder mit Behinderungen

**Definition: Leichte Sprache**
**Leichte Sprache bezeichnet eine leicht verständliche sprachliche Ausdrucksform. Dies geschieht durch die Übersetzung von Texten in eine leicht lesbare, verständliche Form mit zusätzlichem Anschauungsmaterial wie einfach gestaltete Bilder.**
**Mithilfe der Leichten Sprache sollen sprachliche Barrieren abgebaut und möglichst vielen Menschen der Zugang zu Informationen eröffnet werden. In erster Linie richtet sich dieses Angebot an Menschen mit Lernschwierigkeiten, aber auch Menschen, die einen Migrationshintergrund haben, ältere Menschen und Menschen, die als Analphabet/-innen bezeichnet werden.**

*(vgl. Hazibar, Kerstin: Leichte Sprache, veröffentlicht im Mai 2013, Zugriff am 02.07.2020 unter www.inklusion-lexikon.de/LeichteSprache_Hazibar.php)*

Das Netzwerk „Leichte Sprache“, das seit 2006 besteht, vertritt die Auffassung, Märchen würden trotz Vereinfachungen ihren Zauber nicht verlieren.

Wenn Kindern mit geistiger Behinderung Märchen erzählt werden sollen, müssen einige bedeutende Aspekte beachtet werden, damit das Märchen in seiner Ganzheit aufgenommen werden kann.

### Hinweise zum Erzählen eines Märchens für Kinder mit geistiger Behinderung

- Die Wortwahl sollte dem Wortschatz der Zuhörer entsprechen. Weniger gebräuchliche Begriffe werden durch bekannte ersetzt. Zudem werden oft die gleichen Begriffe benutzt, beispielsweise der Begriff „Hexe“ anstatt Synonyme wie „Alte“ oder „Zauberin“.
- Bevorzugt werden kurze Wörter (z. B. Prinz statt „Königssohn“) gewählt.
- Es gilt darauf zu achten, dass Verben und weniger Substantive verwendet werden (z. B. „Morgen **feiert** die Prinzessin Hochzeit“ statt „Morgen ist das **Hochzeitsfest** der Prinzessin“).
- Auf den Genitiv wie „Rotkäppchen**s** Großmutter“ wird verzichtet: Alternativen wie **„Die Großmutter von Rotkäppchen“** sind verständlicher.

* Ebenso wird auf den Konjunktiv verzichtet, wie er in dem Satz erscheint „Sicher **würde** sich die Großmutter freuen".
  **Deine Großmutter freut sich bestimmt über einen Blumenstrauß**"
  ist verständlicher.
* Sehr hohe Zahlenangaben werden vermieden (z. B. „vor langer Zeit" anstatt „vor 3 000 Jahren").
* Zahlen werden als Ziffern geschrieben: **5** Frauen anstatt **fünf** Frauen.
* Oberbegriffe werden durch konkrete Angaben ersetzt (beispielsweise „Enten" anstatt „Federvieh").
* Auf genaue Angaben wird verzichtet, wenn Genauigkeit nicht erforderlich ist (z. B. **„Treppe"** anstatt **„Marmortreppe"**).
* Das Märchen enthält kurze Sätze mit einfachen Satzmustern, das heißt vor allem kurze Hauptsätze, bestehend aus Subjekt, Prädikat und (Objekt).

*(vgl. Regeln für Leichte Sprache, www.leichtesprache.com/dokumente/upload/21dba%5Fregeln%5Ffuer%5Fleichte%5Fsprache%2Epdf)*

* Wichtige Wörter, Sätze, Satzfolgen werden oft und betont wiederholt. So prägen sie sich besser ein. Reime werden, soweit es geht, übernommen oder der vertrauten Sprache angepasst.

*(vgl. Krenzer, 1977, S. 67)*

**ACHTSAMKEIT**

**Der Erzähler trägt durch seinen bewussten Stimmeinsatz, wie beispielsweise langsames Erzählen und sinnvolle Erzählpausen, entscheidend dazu bei, dass einzelne Handlungsfolgen und das Märchen in seiner Gesamtheit verstanden werden.**

Die Märcheninhalte werden durch einfache Bilder, die Schlüsselszenen des jeweiligen Märchens zeigen, in Texte für Leser mit eingeschränkter Sprachkompetenz eingefügt.
Auch beim Vorlesen und Erzählen bietet es sich an, diese Illustrationen zu verwenden.

Für diese Illustrationen gilt:

* Einfache, klare Linien, keine Mehrfachstriche, kein Stricheln
* Wenige Details
* Keine Überlagerungen, freigestellte Figuren
* Klare Hell-Dunkel- und Farb-Kontraste
* Keine krisseligen, krausen Strukturen
* Einfache Perspektive (Zentralperspektive)
* Wenig Hintergrund, nur dort wo nötig

**Anmerkung:** Nach der „Märchenstunde“ können Märcheninhalte durch Spiellieder, Lieder, Fingerspiele, Malspiele, Kreisspiele oder kleine Rollenspiele vertieft werden.

Hier wurden 3 Märchen in Leichte Sprache übersetzt und mit folgenden Titeln versehen:

- Der Wolf und die 7 kleinen Ziegen
- Hans im Glück
- Dornröschen

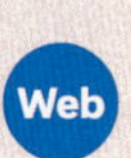


**Anmerkung: Texte, die Menschen mit Lernschwierigkeiten selber lesen, werden nach bestimmten strukturellen Aspekten verfasst. So muss beispielsweise eine größere Schrift und ein größerer Zeilenabstand gewählt werden und jede Seite mit einer Überschrift und einem entsprechenden Bild versehen werden. Die drei Märchen, die Sie den Kindern eher vorlesen oder erzählen, wurden für das BuchPlusWeb entsprechend dieser Regeln formatiert. Die jeweiligen Überschriften finden Sie zur Orientierung auch in den nachfolgenden Texten. Diese können beim Vorlesen jedoch weggelassen werden.**
**Anmerkung zur Erklärung im Kasten: In den Texten sind einige Wörter und Redewendungen blau geschrieben. Die entsprechenden Erläuterungen stehen in den nebenstehenden Kästen und werden ebenfalls vorgelesen.**

Je nach Auffassungsgabe und Alter der Kinder, denen die Märchen vorgelesen oder erzählt werden, können vor der Märchenerzählung folgende einleitende Erläuterungen gegeben werden:

Das Märchen haben die Brüder Grimm gehört.
Das ist über 200 Jahre her.
Das war im Jahr 1812.
Die Brüder Grimm heißen mit Vornamen Jacob und Wilhelm.
Sie lebten damals in der Stadt Kassel.
Die Stadt liegt mitten in Deutschland.
Die Brüder Grimm haben 200 Märchen gesammelt.
Die Geschichten wurden schon lange erzählt.
Sie können ausgedacht sein.

Beide Brüder Grimm haben sich die Geschichten angehört.
Dann haben sie das Märchen auf Papier geschrieben.
Sie haben auch gesehen, dass es ähnliche Geschichten gibt.
Sie haben manchmal auch ein Wort oder einen Satz geändert.
Dann haben sie ein neues Buch gemacht.
Dieses Märchen-Buch war 1812 fertig.
In diesem Buch war auch dieses Märchen.

### 2.5.1 Dornröschen

*(nach Brüder Grimm: KHM 50)*

König und Königin wünschen sich ein Kind

Es war einmal ein König und eine Königin.
Sie leben in ihrem Schloss.
Sie wünschen sich ein Kind.
Der König und die Königin
bekommen aber kein Kind.

An einem Tag badet die Königin
Die Bade-Wanne steht im Freien.
Da hüpft ein Frosch an die Wanne.
Der Frosch spricht zur Königin:
Du wirst bald eine Tochter bekommen.

Dornröschen wird geboren

Bald bekommt die Königin ein Mädchen.
Das Mädchen ist wunder-schön.
Der König freut sich über die Prinzessin.
Er will ein Fest feiern.
Zu dem Fest sollen Feen kommen.

> Feen werden weise Frauen genannt.
> Weise Frauen sind sehr klug.
> Und sie können zaubern.

Der König hat 12 goldene Teller.
In seinem Reich leben aber 13 Feen.
Für die 13. Fee fehlt ein Teller.
Der König sagt: Die 13. Fee muss zu Hause bleiben.

### Ein Fest für Dornröschen

Das Fest ist sehr schön.
Die 12 Feen sind auch schon da.
Die Feen machen dem Kind
besondere Geschenke.
Sie wünschen dem Kind
gute Eigenschaften.
Zum Beispiel:
Kind, du sollst schön werden.
Kind, du sollst reich werden.
Kind, du sollst lieb und gut sein.

### Eine Fee wünscht Dornröschen Böses

Doch plötzlich kommt die 13. Fee herein.
Der König hat nur 12 Feen eingeladen.
Die letzte Fee wurde nicht eingeladen.
Darum ist die letzte Fee sehr wütend.

Sie ruft ganz laut:
Die Königs-Tochter soll sterben.
Und zwar an ihrem 15. Geburtstag.
Das Mädchen soll sich
an der Spitze einer Spindel stechen.
Eine Spindel braucht man, um Fäden zu machen.
Das Mädchen soll durch den Stich an der Spindel sterben.

Dann geht die böse Fee wieder weg.
Alle Menschen im Saal haben Angst.

### Eine andere Fee ändert den Wunsch

Eine andere Fee kann noch einen Wunsch sagen.
Sie kann aber keinen Wunsch
einer anderen Fee löschen.
Sie kann den bösen Wunsch aber ändern.
So ändert sie den Wunsch:
Das Kind soll weiter leben,
aber es muss 100 Jahre schlafen.

Der König liebt sein Kind.
Er will das Kind schützen.
Er befiehlt:
Alle Spindeln sollen verbrannt werden.
Alle Spindeln sind aus Holz.
An deren Spitze kann man sich stechen.
Dornröschen kann sich auch daran stechen.
Dann muss es 100 Jahre schlafen.

## Dornröschen hat Geburtstag

Fast 15 Jahre später:
Die Wünsche der Feen erfüllen sich.
Das Mädchen ist schön.
Es ist freundlich.
Jeder Mann und jede Frau hat das Mädchen lieb.

Die Prinzessin hat Geburtstag.
Sie wird 15 Jahre alt.
Sie geht durch das Schloss und kommt zu einem Turm.
Sie geht eine Treppe hinauf.
Dort oben ist eine Tür.
Das Mädchen öffnet die Tür.
Es kommt in ein kleines Zimmer.

## Dornröschen sticht sich

Hier sitzt eine alte Frau.
Sie hat eine Spindel in der Hand.
Die Spindel hat eine Spitze.
Mit der Spindel kann man
Fäden zum Nähen machen.
Das nennt man auch: Spinnen.
Die Prinzessin fragt: Was macht Du?
Die alte Frau sagt: Ich mache Fäden.
Dabei dreht sich die Spindel.

Die Prinzessin sieht das Spinnen zum ersten Mal.
Sie findet es spannend.
Sie will auch spinnen.

Die Prinzessin fasst die Spindel an.
Da sticht die spitze Nadel in ihren Finger.
So erfüllt sich der Wunsch der 13. Fee.

## Dornröschen schläft ein

Das Mädchen ist gleich müde.
In dem Raum steht ein Bett.
Die Prinzessin fällt in das Bett und schläft ein.

Auch der König und die Königin schlafen ein.
Auch alle anderen im Schloss schlafen ein.
Die Pferde schlafen ein.
Die Hunde im Hof schlafen ein.
Die Tauben auf dem Dach schlafen ein.
Auch die Fliegen an der Wand schlafen ein.

Sogar das Feuer wird still.
Der Braten hört auf zu grillen.

### Alle im Schloss schlafen

Der Koch zieht den Küchen-Jungen
an den Haaren.
Er will ihm eine Ohrfeige geben.
Doch da schläft er ein.

Der Wind hört auf zu wehen.
An den Bäumen bewegt sich kein Blatt mehr.
Nun schläft das ganze Schloss – alles ist still.
Um das Schloss wächst eine Dornen-Hecke.
Die Hecke hat Dornen wie eine Rose.
Die Hecke wird jedes Jahr höher und größer.
Bald sieht man das Schloss gar nicht mehr.
Oben auf dem Dach ist eine Fahne.
Auch die kann man nicht mehr sehen.

### Prinzen wollen zu Dornröschen

Einige Jahre später.
Im ganzen Land sagen die Menschen:
In einem Schloss schläft ein Mädchen.
Das Schloss hat eine Hecke aus Rosen.
Die Hecke ist um das ganze Schloss.

**Rosen sind so schön wie das Mädchen.
Darum nennen alle Menschen das Mädchen:
Dornröschen.**

Immer wieder wollen Prinzen in das Schloss hinein.
Die Prinzen kommen aber nur bis zur Hecke.
Die Dornen halten die Prinzen fest.
Sie sind wie Hände.
Die Prinzen kommen weder vor noch zurück.
Sie können sich nicht befreien.
Sie sterben.

## Noch ein Prinz will Dornröschen sehen

Noch einige Jahre später:
Ein junger Prinz hört von dem Schloss.
Er hört auch von der Hecke mit Dornen.
Und er hört von der wunderschönen Prinzessin in dem Schloss.

Alle schlafen schon 100 Jahre:

- Dornröschen
- Der König und die Königin
- Und alle, die in dem Schloss arbeiten.

Viele Prinzen haben schon versucht,
zum Schloss zu kommen.
Alle sind in der Hecke gestorben.

Der junge Prinz aber sagt: Ich habe keine Angst.
Ich will Dornröschen sehen.

## Der Prinz geht durch die Dornen-Hecke

Nun sind die 100 Jahre vorbei.
Nun wirkt der böse Wunsch nicht mehr.
Deswegen kann Dornröschen aufwachen.

Der Prinz geht zur Hecke.
Aber die Dornen sind weg.
Da sind jetzt schöne große Blumen.
Die Dornen-Hecke geht auseinander.

Der Prinz kann zum Schloss gehen.
Hinter dem Prinzen geht die Hecke
wieder zusammen.
Er kommt in den Schloss-Hof.
Der Schloss-Hof ist der Platz ohne Dach mitten im Schloss.
Im Hof schlafen die Pferde und Hunde.
Auf dem Dach schlafen die Tauben.

Der Prinz geht weiter ins Schloss hinein.
Im Schloss schlafen die Fliegen an der Wand.
Der Koch steht in der Küche.
Er steht da noch so wie vor 100 Jahren.
Der Koch will dem Küchen-Jungen eine Ohrfeige geben.

## Der Prinz küsst Dornröschen

Der Prinz geht in einen großen Raum.
Oben auf dem Thron liegen der König und die Königin.
Beide schlafen.

Der Prinz geht weiter.
Alles ist still.

Endlich kommt er zum Turm.
Er öffnet die Tür zu dem kleinen Zimmer.
In dem Turm-Zimmer schläft Dornröschen.

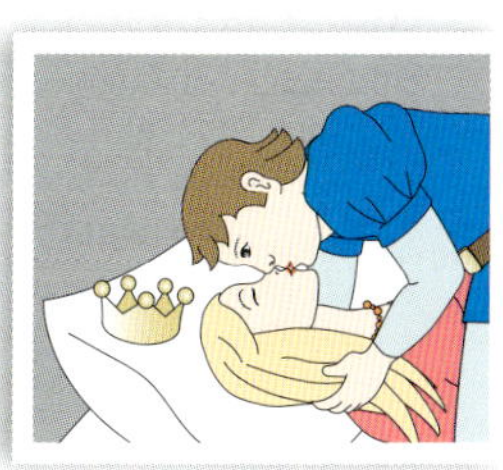

Dornröschen sieht sehr schön aus.
Der Prinz schaut das schlafende Mädchen an.
Er verliebt sich in das Mädchen.
Dann küsst der Prinz Dornröschen.
Da öffnet Dornröschen die Augen.
Die Prinzessin wird nach 100 Jahren wieder wach.
Sie sieht den Prinzen glücklich an.

## Alle im Schloss wachen auf

Der Prinz und Dornröschen laufen durch das Schloss.
Da wachen der König und die Königin auf.
Auch alle anderen Menschen wachen auf.
Alle sehen sich mit großen Augen an.
Die Pferde im Hof stehen auf.
Die Hunde springen auf.
Die Tauben auf dem Dach werden wach.
Sie fliegen davon.

Die Fliegen kriechen an den Wänden weiter.
Das Feuer in der Küche wird wieder groß.
Der Braten wird heiß und grillt weiter.
Der Koch gibt dem Jungen eine Ohrfeige.
Er hatte vor dem Schlaf etwas falsch gemacht.

## Der Prinz heiratet Dornröschen

Der Prinz heiratet Dornröschen.
So gibt es eine Hochzeit.
Das Fest ist sehr fröhlich.

Der Prinz und Dornröschen sind
glücklich und zufrieden.
So leben sie lange glücklich weiter.

## Weiterführende Ideen zur Aufarbeitung der Märcheninhalte

### Ausmalbild „Dornröschenschloss“

Web

Im BuchPlusWeb finden Sie dieses Bild zum Ausdrucken.

### Mögliche Gesprächsimpulse zur Bildbetrachtung

* Was wächst dort um das Schloss herum?
* Wie heißt das Mädchen, das in dem Schloss schläft?
* Wer wohnt noch in diesem Schloss?
* Wer findet das Mädchen? Was passiert dann?

## Spiellied

In diesem Spiellied wird der Höhepunkt des Märchens dargestellt: Die Kindergruppe steht im Kreis zusammen und alle halten sich an den Händen. Dornröschen sitzt in der Mitte auf einem Stuhl und schläft. Der Prinz geht um den Kreis (Dornenhecke) herum. Die Kinder lassen sich los und singen gemeinsam mit der Spielleiterin:

### 2.5.2 Der Wolf und die 7 kleinen Ziegen

*(nach Brüder Grimm: KHM 5)*

**Das Märchen heißt bei den Brüdern Grimm:**
**Der Wolf und die sieben jungen Geißlein**

**Die Mutter Ziege mit ihren 7 kleinen Ziegen)**
Es war einmal eine Ziege.
Sie hat 7 Kinder.
Die Ziegen-Mutter liebt ihre 7 Kinder.

Eine Ziege nennt man auch Geiß.
Die Kinder von der Ziege heißen auch Geißlein.

Einmal will die Mutter im Wald Essen holen.
Sie spricht zu ihren 7 Kindern:
Kinder, ich gehe in den Wald.
Ihr bleibt alle im Haus.

**Die Mutter erzählt vom bösen Wolf**
Die Mutter sagt:
Wenn der Wolf ins Haus kommt,
frisst er euch auf.
Darum: Der Wolf darf nicht ins Haus.
Er muss draußen bleiben.

Der Wolf ist böse.
Aber: Der Wolf tut manchmal so, als wäre er lieb.

Jemand der etwas Böses tut, ist ein Böse-Wicht.
Darum nennt man den Wolf Böse-Wicht.

Aber, man kann den Wolf erkennen.
Der Wolf hat eine dunkle, raue Stimme.

Pfoten sind Füße von Tieren.

Der Wolf hat schwarze Pfoten.

So kann man den Wolf erkennen:

- An der Stimme.
- Und an den Pfoten.

Die kleinen Ziegen sagen zur Mutter:
Wir passen auf.
Der Wolf bleibt draußen.
Er kommt nicht in das Haus.
Dann kann er uns nichts tun.

Weil die Kinder das sagen,
hat die Mutter keine Angst mehr um die Kinder.
Nun geht die Mutter in den Wald.

### Der Wolf klopft an die Tür

Die Ziegen-Mutter ist bald im Wald.
Die Kinder sind jetzt allein.
Da klopft es an der Tür.
Jemand ruft:
Liebe Kinder, macht mir auf.
Ich bin es, eure liebe Mutter.
Ich habe euch etwas mitgebracht.

Die kleinen Ziegen sehen nicht,
wer hinter der Tür steht.
Sie hören aber die Stimme.
Die Stimme klingt tief und rau.
Da wissen die kleinen Ziegen:

Die Stimme von der Mutter ist hell.
Die raue Stimme ist vom Wolf.

Darum sagen sie zum Wolf:
Wir machen nicht auf.
Du bist der Wolf.
Deine Stimme ist rau.
Unsere Mutter hat eine schöne helle Stimme.

### Der Wolf will eine helle Stimme

Der Wolf überlegt:
Wie bekomme ich eine schöne helle Stimme?

> Kreide ist ein weicher Stein.
> Der Stein ist weiß.
> Mit Kreide kann man auf Tafeln schreiben.
> Früher glaubte man, Kreide verändert den Ton.

Kreide macht die Stimme hell.
Darum geht der Wolf in einen Laden
und kauft Kreide.
Der Wolf isst die Kreide.
Nun hat er eine schöne helle Stimme.
Nun klingt die Stimme vom Wolf genauso wie
die Stimme der Mutter.

### Der Wolf zeigt seinen schwarzen Fuß

Dann geht der Wolf zum Haus von den Ziegen zurück.
Der Wolf klopft wieder an die Tür.
Er ruft wieder:
Liebe Kinder, macht mir auf.
Ich bin es, eure Mutter.
Ich habe euch etwas mitgebracht.

Die Stimme klingt wie die Stimme der Mutter.
Der Wolf hat aber seine Pfote
aufs Fenster gelegt.
Die Kinder sehen die schwarze Pfote.

Darum rufen sie:
Wir machen nicht auf.
Du bist der Wolf.
Du hast einen schwarzen Fuß.
Bei unserer Mutter ist der Fuß weiß.

### Der Bäcker macht Teig um die Pfote vom Wolf

Da läuft der Wolf zum Bäcker.
Der Wolf lügt und sagt zum Bäcker:
Ich habe mich gestoßen.
Der Teig kühlt die Pfote.
Streich mir Teig über meine Pfote!

Der Bäcker glaubt dem Wolf.
Er macht Teig um die Pfote.

### Der Müller macht die Pfote weiß

Dann läuft der Wolf zur Mühle.
In einer Mühle wird Korn zu Mehl gemahlen.
In der Mühle arbeitet ein Müller.
Der Müller macht das Mehl.

Der Wolf sagt zum Müller:
Streu mir weißes Mehl auf meine Pfote.
Der Müller denkt: Der Wolf will mich reinlegen.
Er will dem Wolf kein Mehl
auf die Pfote streuen.

Da droht der Wolf dem Müller:
Streu mir Mehl auf die Pfote,
sonst fresse ich Dich!

Da hat der Müller Angst.
Er streut Mehl auf die Pfote vom Wolf.
Nun ist der Fuß weiß.
Er ist so weiß wie die Füße der Ziegen-Mutter.

Ihr müsst wissen:
Der Böse droht oft guten Menschen.
Dann haben die guten Menschen Angst.
Darum helfen sie oft sogar dem Bösen.
Das ist nicht gut.
Aber ja, so sind die Menschen.

### Der Wolf zeigt seine weiße Pfote

Jetzt kommt der Wolf noch mal an die Tür.
Er klopft an.
Der Wolf sagt:
Liebe Kinder, macht mir auf!

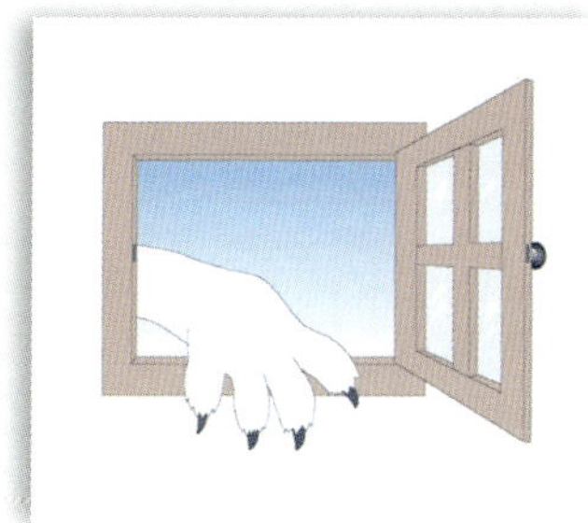

Ich bin es, eure Mutter.
Ich habe euch etwas mitgebracht.

Die Kinder der Ziege rufen:
Wir wissen nicht: Bist du unsere Mutter?
Darum zeig uns deine Pfote.
Da legt der Wolf seine weiße Pfote
auf das Fenster.
Die kleinen Ziegen sehen,
dass die Pfote weiß ist.
Sie glauben, dass es ihre Mutter ist.
Sie öffnen die Tür.

### Der Wolf kommt ins Haus

Herein kommt der böse Wolf.
Der Wolf hat die kleinen Ziegen reingelegt.

### Der Wolf im Haus

Die kleinen Ziegen erschrecken sich sehr.

Das eine Kind springt unter den Tisch.
Ein Kind springt ins Bett.
Ein Kind springt in den Ofen.
Ein Kind springt in die Küche.
Ein Kind springt in den Schrank.
Ein Kind springt unter die Schüssel.
Ein Kind springt in den Kasten einer Uhr.
Darum nennt man den Kasten
auch Uhren-Kasten.

Der Wolf findet die kleinen Ziegen.
Er frisst sie auf.
Ein Kind nach dem anderen schluckt er hinunter.

Das jüngste Kind ist noch im Uhren-Kasten.
Das Kind findet der Wolf nicht.

Er ist satt und geht weg.
Der Wolf legt sich auf eine Wiese.
Unter einem Baum schläft er ein.

## Die Mutter kommt zurück

Bald kommt die Ziegen-Mutter zurück.
Sie freut sich auf die Kinder.
Sie sieht das Haus.
Die Tür steht weit offen.
Da bekommt sie Angst.

Tisch und Stühle liegen auf dem Boden.
Die Schüssel ist kaputt.
Die Mutter sucht ihre Kinder.
Wo sind meine Kinder?
Sie ruft alle Namen der Kinder.
Doch es bleibt still im Haus.
Kein Kind antwortet.

Am Ende ruft die Mutter das jüngste Kind.
Da hört sie eine ganz leise Stimme:
Liebe Mutter, ich bin in dem Uhren-Kasten.
Sie holt das jüngste Kind heraus.
Das jüngste Kind erzählt der Mutter, was passiert ist:

Der Wolf hat alle anderen Kinder gefressen.
Da weint die Mutter ganz viele, viele Tränen.
Ihre Kinder sind tot.

## Der Wolf schläft auf der Wiese

Dann geht die Mutter nach draußen.
Das jüngste Kind geht mit.
Die Mutter und das jüngste Kind kommen
auf eine Wiese.
Da sehen sie den Wolf.
Er schläft unter einem Baum.
Der Wolf schnarcht ganz laut.

Die Ziegen-Mutter geht
um den Wolf herum.
Und dann sieht sie den dicken Bauch.
In dem Bauch bewegt sich noch etwas.
Da denkt die Mutter:
Dieser Wolf hat meine Kinder gefressen.
Meine Kinder leben vielleicht noch im Bauch.
Da bewegt sich ja etwas im Bauch.

## Die Mutter rettet ihre Kinder

Die Mutter schickt das jüngste Kind
nach Hause.
Das Kind holt für die Mutter:
eine Schere, eine Nadel und Faden.

Die Ziegen-Mutter nimmt die Schere.
Sie schneidet dem Wolf den Bauch auf.
Da sieht sie im Bauch
den Kopf von einem Kind.
Die Mutter schneidet weiter.
Da sieht sie noch ein Kind.
Dann noch eins.
Alle ihre Kinder leben noch.
Eines nach dem anderen springt aus dem Bauch vom Wolf heraus.
Alle 6 kleinen Ziegen sind gesund.
Der Wolf hat beim Fressen nicht gekaut.
Er hat die kleinen Ziegen
ganz hinunter geschluckt.

Die Mutter und alle ihre Kinder
freuen sich.
Sie drücken ihre liebe Mutter.
Sie springen und tanzen
um ihre Mutter herum.

## Der Wolf mit Steinen im Bauch

Die Ziegen-Mutter sagt zu ihren Kindern:
Wir brauchen dicke Steine.
Die Steine wollen wir
in den Bauch vom Wolf packen.
Wir müssen uns aber beeilen.
Der Wolf schläft noch.
Wenn der Wolf aufwacht, wird er böse.
Die 7 Kinder holen schnell Steine.

Sie packen die Steine
in den Bauch vom Wolf.
Sie packen so viele Steine hinein,
bis der Bauch voll ist.

Dann näht die Ziegen-Mutter den Bauch schnell wieder zu.
Der Wolf merkt nichts.
Er schläft weiter.

## Der Wolf wacht auf

Bald danach wacht der Wolf auf.
Der Wolf hat Steine im Bauch.
Darum hat er Durst.
Der Wolf will etwas trinken.
Der Wolf steht auf.
Er hat große Mühe.
Die Steine poltern in seinem Bauch.

Da ruft der Wolf:
Was rumpelt und pumpelt in meinem Bauch?
Ich dachte, es waren 6 Ziegen.
Aber das sind doch Steine.

## Der Wolf am Brunnen

Bald kommt der Wolf an einen Brunnen.
Er will Wasser trinken.
Der Wolf steckt den Kopf in den Brunnen.

Da rutschen die Steine bis in seinen Hals.
Die Steine sind sehr schwer:
Sie ziehen ihn nach unten.
Der Wolf kann sich nicht halten.
Er fällt in den Brunnen hinein.
Mit den schweren Steinen im Bauch geht er unter.
Der Wolf ertrinkt.

Die 7 kleinen Ziegen sehen das.
Sie laufen zum Brunnen und rufen laut:
Der Wolf ist tot!
Der Wolf ist tot!

### Die Mutter und ihre 7 kleinen Ziegen tanzen

Die kleinen Ziegen freuen sich sehr.
Sie tanzen mit ihrer Mutter
um den Brunnen.
Sie sind glücklich und zufrieden.

## Weiterführende Ideen zur Aufarbeitung der Märcheninhalte

### Bildbetrachtung

TIPP

Im BuchPlusWeb finden Sie dieses Bild zum Ausdrucken.

#### Mögliche Gesprächsimpulse zur Bildbetrachtung

* Wer hat sich in der Uhr versteckt?
* Wo sind die anderen kleinen Ziegen?
* Wie bekommt die Mutter ihre Kinder wieder?

#### Spiel: „Der Wolf kommt“

**Mitspieler:** 8–15 Spieler

**Alter:** je nach Auffassungsgabe ab ca. 5 Jahren

**Spieldauer:** ca. 5 Minuten

**Material:** –

Die Kinder sitzen mit der Spielleiterin im Kreis oder Halbkreis. Die Spielleiterin wählt ein Kind aus, das den Wolf spielt. Dieses Kind verlässt den Raum. Drei bis sieben Kinder verstecken sich im Gruppenraum (je nach Auffassungsgabe und Behinderungsgrad).

Haben die Kinder ein Versteck gefunden, ruft die Restgruppe laut: „Der Wolf kommt.“

Der „Wolf“ kommt herein und sucht alle „Zicklein“. Das Kind, das zuletzt gefunden wurde, darf nun den Wolf spielen.

## 2.5.3 Hans im Glück

*(nach KHM 83)*

**Hans bekommt Gold**

Es war einmal ein junger Mann.
Der Mann heißt Hans.
Hans hat 7 Jahre bei seinem Chef gearbeitet.
Da sagt er zu seinem Chef:
Herr, ich habe hier lange Zeit gearbeitet.
Nun möchte ich nach Hause
zu meiner Mutter.
Bitte gib mir meinen Lohn.

Der Lohn ist das Geld für die Arbeit.

Der Chef antwortet:
Wie Deine Arbeit war, so soll der Lohn sein.
Du hast immer gut und fleißig gearbeitet.
Darum sollst Du auch einen guten Lohn bekommen.

Der Chef gibt ihm ein großes Stück Gold.

So ein großes Stück nennt man auch Klumpen.

Der Klumpen Gold ist so groß wie der Kopf von Hans.
So ein Klumpen Gold ist ganz viel wert.

Da hat er also ganz viel Lohn bekommen.
Hans nimmt ein Tuch aus der Tasche.
Er wickelt den Gold-Klumpen in das Tuch.
Er packt den Gold-Klumpen auf die Schulter.

Dann geht er mit dem Gold-Klumpen los.
Er macht sich auf den Weg nach Hause zu seiner Mutter.

## Hans trifft einen Reiter

Hans kommt ein Reiter entgegen.
Der Reiter sitzt auf seinem Pferd.
Er freut sich.
Das Pferd reitet an Hans vorbei.
Da sagt Hans laut: Reiten ist schön.
Der Reiter sitzt auf dem Pferd.
Er sitzt gut, wie auf einem Stuhl.

Der Reiter stößt sich die Füße nicht
an Steinen.
Die Schuhe bleiben heile.
Der Reiter kommt weiter, ohne etwas dafür zu tun.

Der Reiter hält an.
Er fragt Hans: Warum läufst Du zu Fuß?
Hans antwortet: Das muss ich ja wohl.
Ich muss einen schweren Klumpen tragen.
Aber er ist wertvoll: er ist aus Gold.

Hans sagt: Beim Tragen drückt mich der Klumpen.
Den Kopf kann ich beim Tragen auch nicht gerade halten.
Meine Schulter tut weh.
Da sagt der Reiter: Wir tauschen.
Du bekommst mein Pferd.
Ich nehme deinen Klumpen Gold.
Hans antwortet: Das mache ich gerne.
Der Gold-Klumpen ist aber sehr schwer.
Den musst Du tragen.

## Hans tauscht Gold-Klumpen gegen Pferd

Der Reiter steigt von seinem Pferd.
Er nimmt den Gold-Klumpen.
Dann hilft er Hans auf das Pferd.
Er drückt ihm die Zügel in die Hände.

Zügel sind Leder-Bänder.
Mit den Bändern zeigt man dem Pferd,
wo es hinlaufen soll.

Der Reiter sagt:
Wenn Du schnell reiten willst,
musst du mit der Zunge ein Geräusch machen.

Das Geräusch heißt auch: Schnalzen.
Schnalzer sind kleine Knall-Geräusche mit der Zunge.
Das Geräusch hört sich an wie eine Peitsche.

Du musst auch rufen: Hopp, hopp.
Dann geht der Reiter mit dem Gold-Klumpen weg.

### Hans fällt vom Pferd

Hans ist froh.
Nach einer Weile denkt Hans:
Ich kann auch schneller reiten.
Er macht das Geräusch mit der Zunge.
Dann ruft er: Hopp, hopp.

Das Pferd läuft los.
Es wird immer schneller.
Hans kann sich nicht festhalten.
Da wirft ihn das Pferd ab.
Hans fällt in einen Graben.
Das Pferd ist so wild.
Es will weglaufen.

Hände und Beine sind Glieder.
Darum sagt man auch:
Er suchte seine Glieder zusammen.

Hans liegt im Graben.
Er ist durcheinander.
Hans schüttelt seinen Kopf.
Er klettert mit Händen und Beinen aus dem Graben.

Nun stellt sich Hans wieder hin.
Hans hat nach dem Sturz schlechte Laune.

### Hans trifft einen Bauern

Da kommt ein Bauer. Er hat eine Kuh dabei.
Der Bauer hält das Pferd fest.

Hans sagt zum Bauern:
Das Reiten ist nicht lustig.
Dieses Pferd hat mich abgeworfen.
Das hat mich fast getötet.
Ich setze mich nie wieder
auf ein Pferd.
Ich sage dir,
Deine Kuh ist da viel besser.
Da kann man gemütlich hinterher
gehen.

Außerdem gibt die Kuh Milch.
Aus Milch kann man Butter und Käse machen.
Ach, ich hätte so gerne eine Kuh.
Eine Kuh ist ja so viel wert.

### Hans tauscht das Pferd gegen eine Kuh

Da spricht der Bauer:
Ich habe eine Idee: Wir tauschen.
Du bekommst die Kuh.
Ich nehme das Pferd.

Hans ist zufrieden und glücklich.
Er stimmt sofort zu.
Der Bauer setzt sich auf das Pferd.
Schnell reitet er weg.

### Hans und die Kuh

Hans nimmt die Kuh und geht weiter.
Die Kuh läuft ruhig vor Hans.
Hans ist glücklich.

Wenn man alles hat, was man braucht, freut sich das Herz.
Darum sagt man auch:
Alles, was das Herz verlangt.

Hans hat alles, was das Herz verlangt.
Er denkt, das war ein guter Tausch.

Nun habe ich immer genug zu essen.
Ich kann nun ein Brot mit Butter und Käse essen.
Und Brot werde ich wohl überall bekommen.
Und: Ich kann die Kuh melken und die Milch trinken.

Hans ist glücklich.
Er denkt: Jetzt habe ich alles, was ich will.

### Hans macht Pause

Bald kommt er zu einer Gaststätte.
Dort macht er eine Pause.
Hans ist glücklich und zufrieden.
So isst er das ganze Essen auf,
das er bei sich hat.
Er isst sein Mittagessen und
sein Abendbrot auf.

Er hat noch etwas Geld.
Davon kauft er sich ein Bier.
Dann geht er mit der Kuh weiter.
Er will zur Mutter.
Langsam wird es Mittag.
Die Sonne scheint.
Es wird immer heißer.
Es ist noch eine Stunde bis nach Hause.

Hans schwitzt sehr.
Er hat großen Durst.

### Hans melkt die Kuh

Da denkt Hans:
Ich habe jetzt eine Kuh.
Die Kuh kann ich melken.
Dann kann ich Milch trinken.

Hans bindet die Kuh an einen Baum.
Hans hat keinen Eimer für die Milch dabei.
Darum stellt er seine Mütze unter die Kuh.
Dann versucht er, die Kuh zu melken.
Aber aus der Kuh
kommt keine Milch heraus:
Nicht ein einziger Tropfen.

Bald wird die Kuh unruhig.
Da schlägt die Kuh mit dem Hinter-Fuß.
Der Fuß trifft Hans wie ein Hammer am Kopf.
Der Schlag tut sehr weh.
Hans kann nicht mehr denken.
Hans zittern die Beine.
Er fällt auf den Boden.

Hans bleibt lange liegen.
Es sieht aus, als wäre Hans tot.
Dann wacht er auf.
Er weiß nicht mehr, wo er ist.

### Hans trifft einen Fleischer

Zum Glück kommt gerade
ein Fleischer vorbei.

> Fleischer nennt man auch Metzger.
> Manchmal sagt man auch Schlachter.

Er schiebt eine Schub-Karre vor sich her.
Auf der Schub-Karre liegt ein Schwein.

Der Fleischer hilft Hans hoch.
Hans erzählt dem Fleischer, was geschehen ist.
Der Fleischer gibt Hans eine Flasche.
Er sagt:
Trink erst mal etwas, damit du wieder fit wirst.
Die Kuh gibt wohl keine Milch mehr.
Das ist ein altes Tier.
Die Kuh ist vielleicht noch gut zum Essen.

Da sagt Hans erfreut:
Wer hätte das gedacht?
So ein Schwein ist gut.
Dann kann man viel essen.

Da gibt es viel Fleisch.
Ich esse aber kein Kuh-Fleisch.
Das Fleisch ist nicht saftig genug.
Aber, Schweine-Fleisch, das schmeckt gut.
Auch die Würste vom Schwein sind lecker.

## Hans tauscht die Kuh gegen ein Schwein

Da sagt der Fleischer:
Hör zu Hans:
Ich will Dir einen Gefallen tun.
Wir tauschen.

Du bekommst mein Schwein.
Und ich nehme deine Kuh.

Da freut sich Hans sehr.
Er sagt:
Danke mein Freund.

Hans gibt dem Fleischer die Kuh.
Der Fleischer holt das Schwein von der Schub-Karre.
Der Fleischer gibt Hans das Schwein.

Hans geht weiter.
Er denkt, was habe ich doch für ein Glück.
Alles, was Hans sich wünscht, geht in Erfüllung.
Wenn es etwas Schlechtes gibt,
so gibt es kurz danach wieder etwas Gutes.

## Hans trifft einen Jungen

Bald trifft Hans einen Jungen.
Der Junge geht eine Weile mit Hans.
Der Junge hat eine schöne weiße Gans.
Er trägt die Gans unter dem Arm.
Die beiden gehen eine Weile
neben einander her.

Da erzählt Hans von seinem Glück:

- Wie er den Gold-Klumpen gegen das Pferd getauscht hat.
- Wie er das Pferd gegen die Kuh getauscht hat.
- Wie er die Kuh gegen das Schwein getauscht hat.

Hans meint: Das war immer gut für mich.
Da erzählt der Junge, dass er zu einer Feier geht.

Ein Kind ist geboren.
Dazu gibt es ein Fest.
Die Gans wird dort gebraten:
Das ist ein leckeres Essen.

Der Junge packt die Gans an den Flügeln und sagt:
Hans, heb die Gans hoch.
Fühl mal wie schwer die Gans ist.
Und wenn man in den Braten beißt,
dann läuft das saftige Fett am Mund heraus.

Hans nimmt die Gans in die Hand.
Er fühlt, dass die Gans schwer ist.
Hans sagt: Ja, die Gans ist sehr schwer.
Mein Schwein ist aber auch sehr schwer.

## Hans tauscht das Schwein gegen eine Gans

Der Junge sieht sich um.
Er schüttelt mit dem Kopf und sagt:
Mit deinem Schwein stimmt was nicht.

Ich war eben in einem Dorf.
Dem Bürger-Meister fehlt ein Schwein.
Es wurde geklaut.
Ich glaube, es ist dein Schwein.

Einige Leute suchen das Schwein schon.
Wenn sie dich mit dem Schwein sehen,
geht es dir schlecht.
Du kommst dann ins Gefängnis.
Oder man tut dir weh.

Da bekommt der gute Hans Angst.
Er sagt:
Ach Junge, bitte hilf mir.
Du kennst Dich hier besser aus.
Du nimmst das Schwein
Und ich bekomme deine Gans.

Der Junge antwortet:
Mit dem Schwein bin ich in großer Gefahr.
Ich will aber auch nicht Schuld an deinem Unglück sein.
Der Junge nimmt das Schwein und läuft schnell weg.

### Hans und die Gans

Der gute Hans ist seine Sorgen los.
Er nimmt die Gans unter seinen Arm und geht weiter.

Hans spricht mit sich selbst:
Der Tausch ist gut.
Erstens kann man die Gans lecker braten.
Zweitens hat sie viel Fett.

> Fett von einer Gans nett man auch Schmalz.
> Schmalz kann man auf ein Brot schmieren.
> Dazu sagt man: Schmalz-Brot.

Mit dem Fett kann man sich viele Schmalz-Brote schmieren.

Dann gib es auch noch die Federn.
Mit den Federn mache ich mir mein Kopf-Kissen.
Dann ist das Kissen schön weich.
Auf dem Kissen kann ich dann gut schlafen.
Dann freut sich meine Mutter sehr.

### Hans trifft einen Scherenschleifer

Bald kommt er durch ein Dorf.
Da steht ein Mann mit einem Wagen.
Der Mann macht stumpfe Scheren
wieder scharf.
Er hat einen Stein, den man drehen kann.
Daran hält er die Scheren.
Das nennt man Schleifen.
Darum nennt man den Mann
auch Scheren-Schleifer.
Der Stein dreht sich schnell.

Der Mann singt bei seiner Arbeit.
Er singt das Lied:
Ich schleife die Schere und drehe geschwind.

> Sein Mäntelchen nach dem Wind hängen heißt:
> Man hat keine eigene Meinung und richtet sich nach den anderen.
> Man will keinen Ärger und sucht seinen eigenen Vorteil.

Und hänge mein Mäntelchen nach dem Wind.

## Hans erzählt vom Tauschen

Hans bleibt stehen
und sieht dem Scheren-Schleifer zu.
Dann sagt er zu dem Scheren-Schleifer:
Dir geht es wohl so gut,
weil Du beim Schleifen bist.

Da antwortet der Schleifer:
Ein guter Schleifer
hat immer genug Geld in der Tasche.
In Wirklichkeit aber verdienen Scheren-Schleifer
nicht viel Geld.

Dann fragt der Mann am Schleifstein:
Wo hast Du die schöne Gans gekauft?
Hans antwortet: Die Gans habe ich nicht gekauft.
Die habe ich für ein Schwein getauscht.

Da fragt der Mann weiter:
Wo hast du denn das Schwein her?
Hans sagt: Das habe ich für eine Kuh bekommen.

Der Mann fragt: Und die Kuh?
Hans sagt: Die Kuh habe ich für ein Pferd bekommen.

Der Mann sagt: Und das Pferd?
Hans sagt: Das Pferd habe ich für einen Gold-Klumpen bekommen.

Der Mann fragt: Und den Gold-Klumpen?
Hans sagt: Der Gold-Klumpen war der Lohn für 7 Jahre Arbeit.
Das Gold war so groß wie mein Kopf.

## Hans tauscht die Gans gegen Steine

Da sagt der Mann:
Du hast immer gewusst,
was du machen musst.
Aber richtig glücklich bist du erst dann:
Wenn du immer Geld in der Tasche hast.
So wie ein Scheren-Schleifer.

Hans fragt: Wie muss ich das machen?

Da sagt der Scheren-Schleifer:
Du musst ein Schleifer werden, wie ich.

Du brauchst nur einen Schleif-Stein.

Alles andere kommt dann von alleine.
Ich habe noch einen Schleif-Stein.
Der Schleif-Stein ist schon etwas kaputt.
Aber er ist noch gut genug zum Schleifen.
Ich habe eine Idee: Wir tauschen:
Du bekommst den Schleif-Stein
Und ich nehme dafür die Gans.
Willst du das?

Hans antwortet: Ja, klar will ich das.
Ich werde ja zum glücklichsten Menschen.
Hans glaubt nun:
Wenn ich in die Tasche greife, habe ich die Taschen voll mit Geld.

### Hans mit den Steinen

Hans gibt dem Scheren-Schleifer
die Gans.
Er nimmt den Schleif-Stein.
Der Schleifer gibt Hans
noch einen schweren Stein dazu.
Und er sagt:
Da hast du noch einen guten Stein.
Mit dem Stein kannst du
alte Nägel gerade klopfen.
Pass gut auf den Stein auf.

Hans nimmt die Steine und geht fröhlich weiter.
Seine Augen leuchten vor Freude.

Er sagt:
Was ich mir wünsche, alles klappt.

> Hans meint: Ich bin in einer Glücks-Haut geboren.
> Wer eine Glücks-Haut hat, der hat auch Glück im Leben.

### Hans am Brunnen

Hans ist schon seit dem Morgen unterwegs.
Nun wird er müde und er hat Hunger.
Aber er hat schon alles Essen aufgegessen.
Es fällt ihm schwer weiter zu gehen.
Er muss oft Pausen machen.
Die Steine drücken ganz doll.

Da denkt er:
Ach, das wäre schön:
Wenn ich keine Steine mehr tragen müsste.

So langsam wie eine Schnecke kommt Hans zu einem Brunnen.
Da will er eine Pause machen.
Er möchte frisches Wasser aus dem Brunnen trinken.

Hans passt auf seine Steine auf.
Er legt die Steine vorsichtig neben sich.
Hans legt sie auf den Rand vom Brunnen.
Nun setzt er sich selbst auf den Rand.
Er bückt sich, um Wasser aus dem Brunnen zu trinken.
Kurz passt er nicht ganz auf.
Da kommt er gegen die Steine.
Und die Steine fallen in den Brunnen.
Hans sieht wie die Steine ganz tief ins Wasser sinken.

Da springt Hans vor Freude auf.
Dann kniet er sich hin.

Die Steine waren einfach zu schwer für ihn.
Darum ist er jetzt sehr glücklich.

## Hans ist glücklich bei der Mutter

Da ruft Hans ganz laut:
Kein Mensch auf der Erde
ist so glücklich wie ich.

Er ist nun frei von:
- Steinen
- Gans
- Schwein
- Kuh
- Pferd
- Gold-Klumpen

Er hüpft und springt weiter.

Kurz danach ist er bei seiner Mutter.
Da ist er besonders glücklich.

## Spiel: „Was hat Hans getauscht?"

**Mitspieler:** 2–10 Spieler

**Alter:** je nach Auffassungsgabe ab ca. 4 Jahren

**Spieldauer:** ca. 10 Minuten

**Material:** ein Stein, der in Goldpapier eingewickelt wurde, ein normaler Stein und folgende Spieltiere aus Holz oder Gummi: Pferd, Kuh, Schwein und Gans

Die Spielleitung legt die oben genannten Gegenstände in die Mitte. Die Spieler werden aufgefordert, die Gegenstände einige Minuten zu betrachten.

Dann schließen alle die Augen, ein Gegenstand wird entfernt und die Spielleitung fragt: „Was hat Hans getauscht?"

Derjenige, der dieses zuerst errät, darf in der nächsten Runde einen Gegenstand wegnehmen und fragt: „Was hat Hans getauscht?"

Das Spiel ist beendet, wenn alle Gegenstände einmal weggenommen wurden oder die Spieler das Interesse verlieren.

## „Hans im Glück-Domino" (zum Selbermachen)

**Mitspieler:** 3 Spieler

**Alter:** je nach Auffassungsgabe ab ca. 5 Jahren

**Spieldauer:** ca. 15 Minuten

**Material:** 9 Spielsteine, die in der Mitte geteilt sind und bei denen sich auf jeder Seite Symbole passend zum Märchen „Hans im Glück" befinden

**Spielstein 1:** Glückskleeblatt/Glückskleeblatt
**Spielstein 2:** Glückskleeblatt/Goldklumpen
**Spielstein 3:** Goldklumpen/Pferd
**Spielstein 4:** Pferd/Kuh
**Spielstein 5:** Kuh/Schwein
**Spielstein 6:** Schwein/Gans
**Spielstein 7:** Gans/Stein
**Spielstein 8:** Stein/leeres Feld
**Spielstein 9:** leeres Feld/Glückskleeblatt

Die Spielsteine werden gleichmäßig an die Mitspieler verteilt. Derjenige, der den Stein mit den zwei Glückskleeblättern bekommt, legt diesen Stein als Erster ab. Nacheinander legen die Mitspieler dann im Uhrzeigersinn ihre Steine an. Dabei muss der nächste Spielstein immer dem Symbol des einen oder anderen Endes entsprechen. Wer zuerst keine Spielsteine mehr hat, ist Sieger.

Anhand des ausgelegten Dominospiels kann danach noch ein vertiefendes Gespräch über das Märchen folgen.

**Tipp**
Ein solches Dominospiel lässt sich leicht selbst herstellen.

## Kurzbiografie: Brüder Grimm

- **1785:** Am 4. Januar wird Jacob Grimm als ältestes von sechs Kindern in Hanau geboren.
- **1786:** Am 24. Februar wird Wilhelm Grimm in Hanau geboren.
- **1791:** Die Familie Grimm zieht nach Steinau. Der Vater der Brüder ist hier Amtsmann.
- **1796:** Der Vater stirbt, die Mutter muss mit ihren fünf Kindern aus dem Amtshaus ausziehen.
- **1798:** Jacob und Wilhelm ziehen nach Kassel und besuchen dort das Gymnasium.
- **1802:** Jacob Grimm beginnt mit einem Jurastudium in Marburg, im Jahr darauf folgt sein Bruder Wilhelm.
- **1806:** Die Brüder kehren nach Kassel zurück. Kassel wird in dieser Zeit von den Franzosen erobert. Der französische Kaiser Napoleon ernennt seinen Bruder Jérôme zum König. Jacob Grimm wird Privatbibliothekar des westfälischen Königs Jérome Bonaparte.
- **1807:** Die Brüder arbeiten an der Volksliedersammlung „Des Knaben Wunderhorn“ mit, die von Clemens Brentano und Achim von Arnim herausgegeben wird. Sie beginnen, Märchen und Sagen zu sammeln.
- **1808:** Die Mutter verstirbt und Jacobs und Wilhelms Schwester Lotte ist nun für den Haushalt zuständig.
- **1812:** Am 20. Dezember veröffentlichen die Brüder Grimm den ersten Band der von ihnen gesammelten Kinder- und Hausmärchen in der Realschulbuchhandlung zu Berlin. Vier Jahre später folgte der erste Band deutscher Sagen.
- **Von 1814 (Wilhelm Grimm) beziehungsweise 1816 (Jacob Grimm) bis 1829** sind die beiden Brüder an der Bibliothek in Kassel beschäftigt, Wilhelm als Sekretär, Jacob als Bibliothekar.
- **1822:** Lotte verlässt den gemeinsamen Haushalt und heiratet Ludwig Hassenpflug. Wilhelm Grimm vermählt sich im Mai 1825 mit der dreißig Jahre alten Apothekertochter Henrietta Dorothea („Dortchen“) Wild, die er schon lange kennt. Sie bekommen drei Kinder. Jacob bleibt lebenslang unverheiratet und lebt weiter im Haushalt seines Bruders.
- **1829:** Wilhelm Grimm und sein Bruder Jacob ziehen nach Göttingen. Jacob wird Professor an der Universität und gemeinsam mit Wilhelm Bibliothekar. Sie werden Mitglieder der sogenannten „Göttinger Sieben“[5], was zur Folge hat, dass sie aus dem Staatsdienst entlassen werden.

---

5 *Als die „Göttinger Sieben“ wird eine Gruppe von Professoren bezeichnet. Diese protestierten 1837 gegen die Aufhebung der 1833 eingeführten liberalen Verfassung im Königreich Hannover. Aus diesem Grund wurden die sieben Professoren aus ihrem Dienst entlassen. Drei von ihnen wurden außerdem des Landes verwiesen.*

* **1840:** Die Brüder werden nach Berlin berufen, um das „Deutsche Wörterbuch“ fertigzustellen.
* **1854:** Der erste Band des „Deutschen Wörterbuchs“ erscheint.
* **1859:** Wilhelm Grimm erliegt am 16. Dezember einem Schlaganfall.
* **1863:** Jacob Grimm stirbt am 20. September. Zu diesem Zeitpunkt ist das „Deutsche Wörterbuch von Jacob Grimm und Wilhelm Grimm“ erst beim Buchstaben „F“ angekommen.

*(vgl. Franz/Pecher, 2012, S. 112 f.)*

**Brinkmeier, Michaela (Hrsg.)**: 5-Minuten-Märchen: Zum Erzählen und Vorlesen, Königsfurt-Urania Verlag, Krummwisch 2019

In dieser Märchensammlung mit kurzen Märchen befinden sich Märchen aus aller Welt. „Märchen vom Wachsen und Werden, „Märchen voller Wunder und Wandel", „Märchen von wunderbaren Begegnungen", „Märchen von Himmel und Erde", „Märchen mit Witz", „Märchen voller Weisheit", „Märchen vom rechten Weg und rechten Maß" und „Beherzte Märchen". Im Inhaltsverzeichnis sind die Märchen, die für die Jüngsten geeignet sind, mit einem Sternchen gekennzeichnet, sodass jede Erzieherin passende Märchen für die aktuelle Situation ihrer Gruppe oder auch für einzelne Kinder auswählen kann.

**Brinkmeier, Michaela (Hrsg.)**: Mein Märchenbuch. 24 Volksmärchen zur Adventszeit. München, Pattloch 2017

Dieses Buch enthält eine Auswahl an 24 Weihnachts- und Wintermärchen für jeden Tag im Advent. Es kann wie ein Märchen-Adventskalender genutzt werden und bietet sich für Kita und Elternhaus gleichermaßen an. Die Volksmärchen wurden zusammengetragen und erzählt von der Herausgeberin Michaela Brinkmeier und illustriert von Katja Jäger.

**Knoch, Linde:** Praxisbuch Märchen: Verstehen – Deuten – Umsetzen, 4. Aufl., Gütersloh, Gütersloher Verlagshaus, 2010

**Knoch, Linde**: Neues Praxisbuch Märchen, Gütersloher Verlagshaus, Gütersloh, Gütersloher Verlagshaus, 2013

Linde Knoch, eine bundesweit bekannte Märchenerzählerin, zeigt mit diesen beiden Bänden, wie Märchen das Leben bereichern können.
Sie bietet zahlreiche Märchen zu unterschiedlichen Themen an, ebenso Grundlagen zum Verständnis von Märchen, ihrer möglichen Deutung und Umsetzung. Des Weiteren gibt sie Hinweise, welche Märchen sich für welches Alter eignen. Für Märchenerzähler/-innen gibt sie zudem wertvolle Tipps, auf welche Weise Märchen weitergegeben werden können. Auch die CD, die dem zweiten Band zugefügt ist, lässt jeden hörend nachvollziehen, was Linde Knoch in ihren Praxisbüchern beschreibt.

**Lutkat, Sabine (Hrsg.)**: Ein Koffer voller Märchen: Märchen zum Erzählen und Vorlesen für Kinder ab 4 Jahren, 2. Auflage, Krummwisch, Königsfurt-Urania Verlag, 2016

Sabine Lutkat, seit 2012 Präsidentin der Europäischen Märchengesellschaft, bietet mit dieser Märchensammlung einen Schatz an Märchen aus aller Welt, die gut vorzulesen oder zu erzählen sind, sei es in der Kita, im Seniorenheim oder auch zu Hause.

In ihrer vorangestellten sachkundigen Einführung geht Sabine Lutkat auf die Bedeutung von Märchen für Kinder ein, erläutert die Auswahl ihrer Märchen und gibt Hinweise, wie die Märchen den Kindern vorgetragen werden sollten.

Dieses Märchenbuch enthält Märchen für Kinder ab 4 Jahren und möchte sowohl Kindern als auch Erwachsenen den Eintritt in die zauberhafte Welt der Märchen (wieder) zugänglich machen.

**Medla, Melanie/Reinemer, Daniel:** Märchen machen stark: Geschichten gegen Kinderängste und Alltagssorgen, Compact Verlag, München, 2014

Ausgewählt werden in diesem Titel Märchen beispielsweise zu folgenden Themen: Angst, Neid, Anderssein und Behinderung, Trauer, Tod

Märchen thematisieren durch ihre Bildsprache häufig auch Kinderängste und können so unter anderem helfen, das Selbstbewusstsein von Kindern zu stärken.

Mit einem ergänzenden Ratgeberteil mit Hintergrundinformationen zu jedem Märchen(thema), Übungen, Spielen und kreativen Gestaltungstipps erhalten Eltern und Erzieher eine wertvolle Hilfe, die ihnen zeigt, wie Märchen im Alltag zielgerichtet eingesetzt werden können.

# Weitere Autoren

## Dr. Dieter Brand-Kruth (Jg. 1963)

Ehemaliger Zeitungsredakteur und Bremer Gymnasiallehrer und promovierter Kulturwissenschaftler (Universität Bremen, 2017) zum Thema „Die Bremer Stadtmusikanten – eine soziokulturelle Studie“.

Auf seine Initiative wurde das Themenjahr „Stadtmusikantensommer 2019“ in Bremen ins Leben gerufen. Im Rahmen dieser Veranstaltungsreihe hat er das Symposium der Europäischen Märchengesellschaft „200 Jahre – Die Bremer Stadtmusikanten“ organisiert und sich mit Katalogbeiträgen und der Bereitstellung zahlreicher Exponate an der Ausstellung „Tierischer Aufstand“ in der Kunsthalle Bremen 2019 beteiligt.

Werke des Autors:

* „Mit dem Rollstuhl durch Bremen“ in Bremen, Peter Meyer Reiseführer (1997)
* Der Schnoor – ein märchenhaftes Viertel (2000)
* Die Menschenrechte in Leichter Sprache (2014)
* Dissertation „Die Bremer Stadtmusikanten“ – eine soziokulturelle Studie (2017)
* Auf nach Bremen – Den Stadtmusikanten auf der Spur (2019)

## Rolf Peter Kleinen (Jg. 1964)

Kommunikationstrainer und Stimmcoach, Rezitator und Erzähler. Seit 25 Jahren Stimm- und Sprechseminare. Fortbildungen im Erzählen, Rezitieren und Vorlesen, unter anderem als Dozent der Europäischen Märchengesellschaft, des Figurentheater-Kollegs Bochum und der LAG Jugend & Literatur NRW. Seit 2008 Lehrbeauftragter für Ästhetische Kommunikation und Sprecherziehung der Universität Kassel. Arbeitet als Lehrer und Systemischer Familientherapeut in einer Einrichtung der Jugendhilfe.

**akg-images GmbH, Berlin:** Archiv für Kunst und Geschichte, Berlin 12.1.
**Alamy Stock Photo, Abingdon/Oxfordshire:** HiddenCatch 17.1; Photo 12 22.1.
**Atelier Verena Kohl Aquarelle, Krefeld:** 73.1.
**bpk-Bildagentur, Berlin:** Ditmar Katz 96.1.
**Brand-Kruth, Dieter, Bremen:** 149.2.
**Brauner, Angelika, Hohenpeißenberg:** 63.1, 63.2, 63.3, 63.4, 63.5, 63.6, 63.7, 63.8, 63.9, 114.1, 114.2, 114.3, 115.1, 115.2, 115.3, 116.1, 116.2, 116.3, 116.4, 117.1, 117.2, 118.1, 118.2, 119.1, 119.2, 119.3, 120.1, 121.1, 121.2, 121.3, 122.1, 123.1, 123.2, 124.1, 124.2, 125.1, 125.2, 125.3, 126.1, 126.2, 127.1, 127.2, 127.3, 128.1, 128.2, 128.3, 129.1, 130.1, 131.1, 131.2, 132.1, 132.2, 133.1, 134.1, 134.2, 134.3, 135.1, 136.1, 136.2, 137.1, 137.2, 138.1, 139.1, 139.2, 140.1, 140.2, 140.3, 141.1, 141.2, 142.1, 142.2, 143.1.
**Don Bosco Medien GmbH, München:** 77.1, 92.1.
**Ella the fay, Wartberg ob der Aist:** 102.1.
**Fabiola Quadflieg, Köln:** 149.1.
**Fischer, Andreas, Köln:** Titel, Titel, Titel, Titel, Titel, Titel.
**iStockphoto.com, Calgary:** WaffleBoo 81.2.
**Kleinen, Rolf Peter, Geldern:** 149.3.
**Königsfurt-Urania Verlag GmbH, Krummwisch:** 147.1.
**LIVING CONCEPT, Münster:** 1.2.
**Orangefluid Gbr, Detmold:** 1.1, 1.3, 30.1, 64.1, 67.1, 74.1, 78.1, 81.1, 102.2, 112.1, 120.2, 130.2.
**Picture-Alliance GmbH, Frankfurt/M.:** DB Brüder Grimm Museum 145.1.
**Postel, Frank, Hamm:** 39.1, 42.1, 46.1, 57.1, 80.1.
**Shutterstock.com, New York:** sumire8 Titel.
**stock.adobe.com, Dublin:** erika8213 11.1; Kneschke, Robert 27.1; Sergj 21.1; tomertu Titel.
**Visuelle Lebensfreude - Bodem + Sötebier GbR, Hannover:** Titel.
**Wetterauer, Oliver, Stuttgart:** 13.1, 18.1, 24.1.
**wgr-gebrauchsgrafik, Braunschweig:** Titel.
**wgr-logo, Braunschweig:** Titel.
**Wilmes, Andrea, Hamm (Mark):** 7.1, 31.1, 88.1, 88.2.
**YPS - York Publishing Solutions Pvt. Ltd.:** 9.1, 43.1, 120.3.

Wir arbeiten sehr sorgfältig daran, für alle verwendeten Abbildungen die Rechteinhaberinnen und Rechteinhaber zu ermitteln. Sollte uns dies im Einzelfall nicht vollständig gelungen sein, werden berechtigte Ansprüche selbstverständlich im Rahmen der üblichen Vereinbarungen abgegolten.

# LITERATURVERZEICHNIS


**Arnold, Marlis:** 3-Minuten-Märchen aus aller Welt, Köln, Könemann, Köln, 2001.

**Asbjørnsen, P.C./Moe, J.:** Norwegische Volksmährchen. Deutsch von Friederich Bresemann. Mit einem Vorworte von Ludwig Tieck. 2 Bände, Berlin: M. Simion, 1847.

**Barton, Byron:** Goldlöckchen und die drei Bären. Aus dem Amerikanischen von Markus Weber, Frankfurt am Main, Moritz Verlag, 1997.

**Bettelheim, Bruno:** Kinder brauchen Märchen, 30. Aufl., München, dtv, 2011.

**Betz, Felicitas:** Märchen als Schlüssel zur Welt, 6. Aufl., München, Verlag Ernst Kaufmann, 1988.

**Franz, Kurt; Pecher, Claudia Maria:** Kennst du die Brüder Grimm?, Weimar, Bertuch, 2012.

**Geiger, Rudolf:** in: Flensburger Hefte. Märchen. Heft 30, Flensburg, Flensburger Hefte Verlag GmbH, 1990.

**Geister, Oliver:** Kleine Pädagogik des Märchens, Begriff – Geschichte – Ideen für Erziehung und Unterricht, 4. unveränderte Auflage, Baltmannsweiler, Schneider, 2014.

**Greiner-Burkert, Barbara:** Richtig gut erzählen! Geschichten und Märchen gekonnt präsentieren, München, Tausendschlau Verlag, 2012.

**Haltrich, Josef:** Deutsche Volksmärchen aus dem Sachsenlande in Siebenbürgen, Dritte vermehrte Auflage, Wien, Verlag von Carl Graeser, 1982.

**Heindrichs, Ursula, in:** Der Froschkönig und andere Erlösungsbedürftige, Hohengehren 2000, S. 17.

**Hirsch, Angelika (Hrsg.):** Märchen für Menschen mit Demenz, Sicher und kompetent in der Betreuung einsetzen, Hannover, Vincentz, 2016.

**Knoch, Linde:** Neues Praxisbuch Märchen, Gütersloh, Gütersloher Verlagshaus, 2013.

**Knoch, Linde:** Praxisbuch Märchen. Verstehen, Deuten, Umsetzen, 4. Aufl., Gütersloh, Gütersloher Verlagshaus, 2010.

**Koppehele, Gabi:** Handbuch Märchen. Basiswissen zur zeitgemäßen Gestaltung von Märchen (Kindergarten), Donauwörth, Mauer, 2012.

**Krenzer, Rolf:** Spieltherapeutisches Märchenbuch für Geistigbehinderte, Bonn-Bad Godesberg, Rehabilitationsverlag,1977.

**Lamp, Florian/Sumfleth, Marco:** Das Spiel- und Bewegungsliederbuch, 4. Aufl., Berlin, Lamp und Leute Entertainment GmbH, 2015.

**Lüthi, Max:** Das europäische Volksmärchen. Form und Wesen, 11. Aufl., Tübingen/ Basel, Narr Francke Attempto Verlag, 2005.

**Lüthi, Max:** Märchen. 10. aktualisierte Aufl., Stuttgart/Weimar, Metzler, 2004.

**Lutkat, Sabine (Hrsg.):** Ein Koffer voller Märchen: Märchen zum Erzählen und Vorlesen für Kinder ab 4 Jahren, 2. Aufl., Krummwisch, Königsfurt-Urania Verlag, 2016.

**Medla,Melanie/Reinemer,Daniel:** Märchen machen stark, Geschichten gegen Kinderängste und Alltagssorgen, München, Compact Verlag, 2014.

**Nietzsche, Friedrich:** Menschliches, Allzumenschliches. Ein Buch für freie Geister, (2. erweiterte Aufl. 1886). Zweiter Band. Erste Abteilung. Vermischte Meinungen und Sprüche, 1878.

**Proysen, Alf:** Das Zicklein, das bis zehn zählen konnte, (Originaltitel: „Killinge som kunde räkna till tio“, aus dem Schwedischen von Margot Franke, Hamburg, 1960.

**Reschke, Edda:** Mit Kindern Märchen erleben, Ideen für Familie, Kindergarten und Grundschule, 2. Aufl., Kevelaer, Lahn, 2010.

**Rölleke, Heinz (Hrsg.):** Brüder Grimm, Kinder- und Hausmärchen, Die handschriftliche Urfassung von 1810, Reclam, Ditzingen, 2017.

**Rörich, Lutz:** Märchen und Wirklichkeit, 5. Aufl., Hohengehren, Schneider, 2001.

**Rörich, Lutz:** „Und weil sie nicht gestorben sind ...“. Anthropologie, Kulturgeschichte und Deutung von Märchen, Köln/Weimar/Wien, Böhlau, 2002.

**Schaufelberger, Hildegard:** Märchenkunde für Erzieher, Grundwissen für den Umgang mit Märchen, 8. Aufl., Freiburg im Breisgau, Herder, 1999.

**Schenk-Danzinger, Lotte:** Entwicklungspsychologie, 20., völlig neu bearbeitete Auflage, Wien, **Österreichischer Bundesverlag, 1988.**

**Senckel, Barbara (Hrsg.)/Berner, Rotraut Susanne (Illustratorin):** Als die Tiere in den Wald zogen. Starke Märchen für starke Kinder, München, Beck, 2019.

**Uther, Hans-Jörg (Hrsg.):** Brüder Grimm Kinder und Hausmärchen, Erster Band, Märchen Nr. 1–60, 2. Aufl., München, Diedrichs Verlag.

**Uther, Hans-Jörg (Hrsg.):** Brüder Grimm Kinder und Hausmärchen, Zweiter Band, Märchen Nr. 61–144, 2. Aufl., München, Diedrichs Verlag.

**Uther, Hans-Jörg (Hrsg.):** Brüder Grimm Kinder und Hausmärchen, Dritter Band, Märchen Nr. 145–200, Kinderlegenden 1–10, 2. Aufl., München, Diedrichs Verlag, 1996.

**Vaugelade, Anais:** Steinsuppe. Aus dem Französischen von Tobias Scheffel, Frankfurt am Main, Moritz Verlag, 2000.

**vom Wege, Brigitte/Wessel, Mechthild:** Das Kindergartenmärchenbuch, 3. Aufl., Freiburg im Breisgau, Herder, 2014.

**Wedra, Karin/Greiner-Burkert, Barbara:** Mit Märchen zur Ruhe kommen, Geschichten, Spiele und Entspannung für Kinder von 4–8, München, Don Bosco Verlag, 2014.

**Winter, Sasha:** Von Drachen und Mördern, Hamburg, Tredition, 2015.

**Zitzlsperger, Helga:** Märchenhafte Wirklichkeiten, Eine Märchenkunde mit vielen Gestaltungsvorschlägen, Weinheim und Basel, Belz, 2007.

## Internetadressen

Hazibar, Kerstin (Institut für Erziehungswissenschaft, Innsbruck): Leichte Sprache, veröffentlicht im Mai 2013, www.inklusion-lexikon.de/LeichteSprache_Hazibar.php [26.10.2020]

Jacobs, Joseph: Die drei kleinen Schweinchen, www.maerchenstern.de/maerchen/die-drei-kleinen-schweinchen.php [02.07.2020]

Netzwerk Leichte Sprache: Die Regeln für Leichte Sprache, www.leichte-sprache.org/wp-content/uploads/2017/11/Regeln_Leichte_Sprache.pdf [02.07.2020]

Unser kleiner Bär im Zoo, www.youtube.com/watch?v=VWRRm2m-hf4 [02.07.2020]